U0903097

创新品质工程管理　建设绿色公路隧道

江罗高速公路隧道品质工程建设与管理

肖广成　罗志光
张长亮　林　志　著

人民交通出版社股份有限公司
China Communications Press Co.,Ltd.

内 容 提 要

本书以广东省江罗高速公路隧道品质工程建设与管理工作和绿色隧道科技攻关项目为依托，建立了高速公路“一个理念＋四个目标＋六大措施”的品质工程建设管理体系和“123456”项目管理工作方法；系统总结了公路隧道品质工程建设在管理、设计、信息化和软实力建设方面的实践，从质量和安全方面进行了隧道品质工程建设管理创新；归纳了绿色隧道建设技术，包括洞门选型、“零开挖”进洞、半隧道棚洞、洞口边仰坡复绿、隧道内装优化及隧道综合节能技术等。其中隧道综合节能技术包括基于物联网的隧道按需照明运营技术、变频通风控制技术、结构物照明节能技术、低能耗供配电技术等。

本书适合从事我国公路隧道工程建设的管理、设计、施工和科研人员阅读使用，亦可供相关大中专院校师生参考使用。

图书在版编目(CIP)数据

江罗高速公路隧道品质工程建设与管理/肖广成等著.——北京：人民交通出版社股份有限公司，2018.3
ISBN 978-7-114-14531-5

Ⅰ.①江… Ⅱ.①肖… Ⅲ.①高速公路—公路隧道—隧道工程—施工管理—广东 Ⅳ.①U459.2

中国版本图书馆CIP数据核字(2018)第021374号

书　　名：江罗高速公路隧道品质工程建设与管理
著 作 者：肖广成　罗志光　张长亮　林　志
责任编辑：牛家鸣　李学会
责任校对：宿秀英
责任印制：张　凯
出版发行：人民交通出版社股份有限公司
地　　址：(100011)北京市朝阳区安定门外外馆斜街3号
网　　址：http://www.ccpress.com.cn
销售电话：(010)59757973
总 经 销：人民交通出版社股份有限公司发行部
经　　销：各地新华书店
印　　刷：北京市密东印刷有限公司
开　　本：787×1092　1/16
印　　张：9.25
字　　数：212千
版　　次：2018年4月　第1版
印　　次：2018年4月　第1次印刷
书　　号：ISBN 978-7-114-14531-5
定　　价：80.00元
(有印刷、装订质量问题的图书，由本公司负责调换)

序

1988 年 10 月 31 日，中国[①]大陆第一条高速公路——沪嘉高速公路建成通车。此后 30 年间，我国高速公路取得了举世瞩目的成就。截至 2016 年年底，全国高速公路里程 13.10 万 km，比 2015 年增加 0.74 万 km；公路隧道为 15181 处、14039.7km，比 2015 年分别增加 1175 处、1355.8km。我国已经成为世界上高速公路规模最大、公路隧道里程最长的国家。

在过去 30 年的建设实践中，全国交通运输系统始终坚持“质量为本、安全第一”的方针，攻坚克难、锐意进取，不断总结经验教训，不断攻克技术难题，不断强化底线思维，工程建设管理和科技进步取得了重大突破，工程建设质量安全法规制度不断完善、技术标准不断创新、管理措施实化强化、技术保障能力持续提升。与此同时，我国公路工程质量安全管理工作仍然存在基本要素保障和企业主体责任落实不到位、建设管理粗放、技术创新能力不强、施工队伍整体素质不高等问题，一些深层次的矛盾和问题尚未得到根本解决。

为了全面解决这些问题和矛盾，应站在工程哲学的高度，加快高速公路发展方式的转变，采用现代工程管理理念、管理技术和管理方法，扎实推进品质工程建设，努力推动工程质量安全水平迈上新台阶。在 2016 年全国交通运输工作会上，交通运输部杨传堂书记指出，要提升基础设施品质，推行现代工程管理，开展公路水运建设工程质量提升行动，努力打造“品质工程”。打造品质工程是公路水运建设贯彻落实五大发展理念和建设“四个交通”的重要载体，是深化交通运输基础设施供给侧结构性改革的重要举措，是今后一个时期推动公路水运工程质量和安全水平全面提升的有效途径，是推进实施现代工程管理和技术创新升级的不竭动力，对进一步推动我国交通运输基础设施建设向强国迈进具有重要意义。

为适应新时期大建设、大发展的要求，在广东省江罗高速公路建设之初，项目部便深入分析和思考了现代工程建设管理的主要特点，针对当前高速公路建设管理行业存在的主要问题和矛盾，就如何加快高速公路发展方式的转变，如何走资源

---

①不含香港、澳门、台湾，余同。

节约型、环境友好型发展之路，如何实现安全发展、绿色发展、可持续发展等建设管理问题进行了研究，并在管理理念、人员组织架构、管理行为、管理手段及管理目标等方面系统地梳理了管理思路，把推行现代工程管理作为转变公路发展方式的重要抓手，用现代工程的管理理念、管理技术和管理方法打造“品质工程”，推动江罗高速公路管理工作走上又好又快发展的新路子。

本书总结了广东省江罗高速公路在隧道品质工程和绿色隧道建设技术与管理方面所取得的主要成果，主要包括：公路隧道品质工程建设实践、工程质量管理和安全管理、绿色隧道建设技术、综合节能技术等内容。本书系统性好、实践性强，对于进一步推动公路隧道品质工程打造工作有积极的促进作用。

蒋树屏

2017 年 9 月

前　言

江门至罗定高速公路，简称“江罗高速公路”，是广东省“九纵五横两环”高速公路网的第四横线西段，东西走向，东起江门市鹤山共和镇平连村，与佛开高速公路相接，止于云浮市罗定华石镇莫村，与云岑高速公路、罗阳高速公路相接。项目线路全长约144.5km，采用双向六车道高速公路标准，设计速度120km/h（其中良洞隧道至项目终点路段为100km/h）。全线隧道11.23km/10座（含1座棚洞）。江罗高速公路隧道工程地质状况较差，存在浅埋偏压、洞口冲沟、软弱破碎带（断层带）、围岩裂隙水发育以及局部穿越岩溶等众多不利地质因素，这无疑对项目建设的质量、安全、进度、造价形成重大威胁。因此，在项目建设之初，江罗高速公路便将隧道工程施工管理定位为江罗高速公路管理工作的重中之重。

本书对江罗高速公路在隧道品质工程建设中建立的先进管理方法和经验进行了系统梳理和提炼，对绿色公路隧道和节能公路隧道建设创新技术进行了总结。

经过4年精心建设，江罗高速公路践行品质工程建设管理理念和举措，已经走出了一条“一个理念＋四个目标＋六大措施”的品质工程建设管理体系：贯彻建设“安全耐久、优质美观、环保节约”高速公路的理念，将“建设优质工程、实现零安全责任事故、2016年年底全线建成通车和节约造价”作为四大基本目标，并在项目管理中推行“123456工作方法”。系统总结了公路隧道品质工程建设管理、工程设计、信息化和软实力打造等方面的实践措施、途径；在公路隧道品质工程质量管理和安全管理方面实施了大量管理创新和技术创新。全面实施“资源节约、环境友好、节能减排、低碳环保”等可持续发展技术，建设“绿色生态之路”，积极策划全线生态绿化工作，开展并实践了多项绿色技术：洞门形式优化、“零开挖”进洞、棚洞、洞口边仰坡复绿、隧道内装优化等。在隧道综合节能领域进行了大量创新：基于物联网的隧道按需照明运营技术、变频通风控制技术、隧道结构物照明节能技术、低能耗供配电技术等。通过以上工作，使项目在打造隧道品质工程、建设绿色隧道等方面取得了良好效果，实体交工验收各项指标良好，建设绿色生态之路的目标已经达成。

本书主要编写人员为：广东省公路建设有限公司江罗分公司肖广成、罗志光、张长亮，重庆交通大学林志等。此外，广东省公路建设有限公司江罗分公司王照伟、李宝强、张鑫敏、曾思清，广东省长大公路工程有限公司张彦等为本书编写提供了大量支持和帮助。

真诚感谢吴玉刚等专家在百忙之中对本书的认真审阅。江罗高速公路是各级领导关怀、沿线人民鼎力支持和各参建单位团结拼搏的结晶，在此一并表示衷心的感谢！

限于编者水平，本书在体系和内容上难免存在不妥之处，希望广大同行提出宝贵建议。

作　者

2017 年 9 月

目　录

第1章 绪 论

1.1 江罗高速公路工程概况

江门至罗定高速公路，简称“江罗高速公路”，是广东省“九纵五横两环”高速公路网的第四横线西段，东西走向，东起江门市鹤山共和镇平连村，与佛开高速公路相接，止于云浮市罗定华石镇莫村，与云岑高速公路、罗阳高速公路相接。项目线路全长约144.5km，采用双向六车道高速公路标准，设计速度120km/h（其中良洞隧道至项目终点路段为100km/h）。项目分两期建成，一期工程（约25km）2015年年底建成通车，二期工程（约120km）2016年年底建成通车。

江罗高速公路由珠三角冲积平原地区向西横穿粤西中部延伸，东部（约三分之一）处于珠三角平原，西部（约三分之二）在山岭重丘区。全线共设置隧道10座，总长约11227.25m（按双洞平均长度计，未计棚洞长度），其中特长隧道6923.5m/2座，长隧道1143.5m/1座，中隧道2533.25m/4座，短隧道627m/2座，棚洞123m/1座。具体情况见表1-1。

江罗高速公路隧道设置表　　表1-1

序号	隧道名称	隧道起止桩号	隧道长度（m）	隧道形式
1	牛山隧道	LK19 +210 ~ LK19 +725	515	分离式隧道
		RK19 +195 ~ RK19 +730	535	
2	金中山棚洞	K30 +597 ~ K30 +720（仅左线）	123	单压棚洞
3	鸦髻岭隧道	LK65 +161.5 ~ LK65 +955	793.5	分离式隧道（洞口小净距）
		RK65 +166.5 ~ RK66 +001.5	835	
4	良洞隧道	LK88 +996 ~ LK89 +652	656	小净距
		RK89 +017 ~ RK89 +691	674	
5	大顶隧道	LK93 +157 ~ LK93 +404	247	小净距
		RK93 +131 ~ RK93 +408	277	
6	王北凹隧道	LK96 +920 ~ LK100 +671	3751	分离式隧道（洞口小净距）
		RK96 +953 ~ RK100 +666	3713	
7	围仔隧道	LK101 +932 ~ LK102 +279	347	小净距
		RK101 +916 ~ RK102 +299	383	

续上表

序号	隧道名称	隧道起止桩号	隧道长度(m)	隧道形式
8	尖峰顶隧道	LK104+715~LK105+849	1134	分离式隧道（洞口小净距）
		RK104+711~RK105+864	1153	
9	三岔顶隧道	LK107+434~LK110+625	3191	分离式隧道（洞口小净距）
		RK107+449~RK110+641	3192	
10	大石岭隧道	LK128+852~LK129+398	546	小净距
		RK128+828~RK129+340	512	

根据地质勘察资料，江罗高速公路隧道工程地质状况较差，存在浅埋偏压、洞口冲沟、软弱破碎带（断层带）、围岩裂隙水发育以及局部穿越岩溶等众多不利地质因素，这无疑对项目建设的质量、安全、进度、造价形成重大威胁。因此，在项目建设之初，江罗高速公路便将隧道工程施工管理定位为江罗高速公路管理工作的重中之重，在项目内部管理认识上高度统一。

1.2 我国公路隧道建设面临的问题

我国是多山国家，75%左右国土都是山地，且江河纵横，海域宽阔。近十年来，公路网交通逐渐向崇山峻岭穿越，向离岸深水延伸，公路隧道以年均1000km速度增长，28座水下公路隧道已建成通车；同时在城市建设中，以节约土地和保护环境为宗旨，城市道路隧道也方兴未艾。总体上，公路隧道已由重丘走向深山、由陆域走向水下、由山区走向城市，在建和拟建的公路隧道的数量和规模都保持高速增长态势，对工程管理水平提出了更高要求和挑战。

2015年10月，交通运输部冯正霖副部长在全国公路水运工程质量安全工作会上提出了打造“品质工程”的新理念。杨传堂书记在2016年全国交通运输工作会上指出，要提升基础设施品质，推行现代工程管理，开展公路水运建设工程质量提升行动，努力打造“品质工程”。2016年12月，交通运输部发布了《关于打造公路水运品质工程的指导意见》（交安监发〔2016〕216号）。2017年2月28日至3月1日，交通运输部在浙江玉环县召开了全国公路水运品质工程现场推进会，并实地观摩了乐清湾大桥及接线工程品质工程建设现场。全国交通系统拉开了建设品质工程的序幕，力争形成一批可复制、可推广的经验，实现一批建设技术及管理制度的创新，推进相关标准规范更新升级，逐步形成品质工程标准体系和管理模式，带动全国公路水运工程质量水平明显提升。

当前我国建设公路隧道品质工程所面临的主要问题有两个方面：隧道建设管理和技术特征。首先，随着高速公路建设项目增多，建设难度加大，对工程管理水平提出了更高的要求和挑战。公路建设的质量安全形势虽然总体稳定，但仍存在隐忧之处；建设管理机制跟不上，严重束缚了公路建设新理念的有效实施；项目法人管理能力跟不上，导致建设项目风险加大；建设项目监管力量跟不上,导致现有的工程技术人力资源储备不足,难以将质量与安全始终置于可控状态。在隧道建设管理理念、制度建设、质量安全管理、变更管理、突发事件处置、经济环保及技术创新等方面亟待提高。

其次,隧道建设技术特征也是威胁品质工程建设的障碍。

(1)隧道施工自然灾害。由于隧道工程事前勘察的困难性,加上地质条件和围岩条件的多样性、复杂性、不确定性,导致在建设过程中遭遇不良地质的情况十分常见,稍有不慎,就会导致安全事故,例如:坍塌、岩爆、涌水、突泥、岩溶、滑动、瓦斯、火灾、地震、暴雨等多种灾害,其中坍塌、涌水、突泥是隧道安全生产与品质工程的"主要杀手",尤其坍塌对隧道内部品质的负面影响较大。

(2)隧道结构隐蔽性特征。隧道是半隐蔽结构,由于设计不合理、施工工艺不到位、材料不合格、质量控制不严等都会导致隧道质量隐患。进入运营阶段后,就会诱发衬砌开裂、渗漏水、劣化等病害,严重的还会导致衬砌掉块、涌水等重大安全事故。

(3)机械化和装配化水平低下。我国山岭钻爆法隧道工程施工机械化程度不高,衬砌及其构件基本上均为现场浇筑施做,装配化程度低,在爆破钻孔、锚杆打设、围岩注浆、混凝土喷射、防水板铺挂、衬砌浇筑、施工通风和出渣运输等方面存在劳动力密集的问题,施工环境恶劣,对人员健康、安全保障、施工效率和工程质量存在不利影响。

(4)信息化水平低下。公路隧道信息化应用主要包括两个方面:施工控制信息化和运营管理信息化。目前,公路隧道施工控制信息化水平普遍较低,体现在:施工监控量测基本上还停留在人工采集数据、室内分析,采集频率低、报警不及时,要实现对隧道施工安全的全天候监控、数据的实时采集—传输—分析—报警,必须采用信息化技术和手段;施工现场管理、人员管理和环境管理还存在盲区,隧道施工现场封闭、环境恶劣、事故易发等特性亟须采取措施实现对其的监控管理。运营管理方面,目前高速公路虽然都配置有较为完善的监控、通信、通风、消防和照明系统,但其在日常运营和应急事件处置中暴露出不少问题:交通异常自动化识别能力低,逃生救援引导手段缺乏,机电设施联动控制水平低下等,严重威胁到驾乘人员生命财产安全,其信息化水平还有待提高;同时,如何实现在低成本下的运营管理信息化也是当务之急。

(5)建设条件和要求日益提高。特别是面对高地应力、活动断裂、高寒、高海拔和富水等复杂条件,面对"优质、安全、经济、环保、节约、快速、和谐"等日益增强的建设理念,给隧道建设管理带来了极大的挑战。鉴于隧道工程的特殊困难性,隧道工程管理需要重点关注施工阶段的安全管理、质量管理和应急管理。

随着高速公路建设工程管理从传统方式向现代工程管理方式转变,公路隧道建设工程管理的内涵和具体方式也需要与时俱进,品质工程是践行现代工程管理发展的新要求,追求工程内在质量和外在品位的有机统一,以优质耐久、安全舒适、经济环保、社会认可为建设目标。

本书汇集了广东省江罗高速公路在隧道品质工程建设管理方面所取得的主要成果,主要包括:品质工程管理实践、工程质量管理和安全管理、品质工程软实力建设、绿色隧道建设技术、综合节能技术等内容,其中不乏一些开创性的内容。

1.3 江罗高速公路隧道建设管理概况

“品质工程”建设是交通运输部交通运输“十三五”发展的基本思路。为适应新时期大建设、大发展的要求，江罗高速公路在建设之初便深入分析和思考了现代工程建设管理的主要特点，针对当前高速公路建设管理行业存在的主要问题和矛盾，就如何加快高速公路发展方式的转变，如何走资源节约型、环境友好型发展之路，如何实现安全发展、绿色发展、可持续发展等建设管理问题进行了研究，并在管理理念、人员组织架构、管理行为、管理手段及管理目标等方面梳理出系统的管理思路，把推行现代工程管理作为转变公路发展方式的重要抓手，用现代工程的管理理念、管理技术和管理方法打造“品质工程”，推动江罗高速公路管理工作走上又好又快发展的新路子。

经过4年精心建设，江罗高速公路已经走出了一条“一个理念＋四个目标＋六大措施”的品质工程建设管理体系：贯彻建设“安全耐久、优质美观、环保节约”高速公路的理念，将“建设优质工程、实现零安全责任事故、2016年年底全线建成通车和节约造价”作为四大基本目标，并在项目管理中推行“123456工作方法”（资金管理1个“零”、安全管理2个“严”、质量管理3个“精”、进度管理4个“控”、生态环保5个“减”、统筹推进6个“同”），使项目在精细化管理下取得了良好效果，实体交工验收各项指标良好，建设绿色生态之路的目标已经达成。

1.3.1 建设理念和建设目标

江罗高速公路基本管理思路：“一个理念＋四个目标＋六大措施”。

江罗高速公路建设理念：安全耐久、优质美观、环保节约。

江罗高速公路建设目标：

（1）总体目标：建设优质工程、实现零安全责任事故、2016年年底全线建成通车、节约造价，打造一条优质耐久、安全舒适、经济环保、社会认可的品质工程。

（2）管理目标：探索一套科学规范、严谨高效的精细化项目管理体系；锻炼一支团结协作、甘于奉献、勇于创新的建设管理队伍；着重摸索出一条富有江罗特色的隧道管理思路。

（3）质量目标：实体工程各项指标达到《广东省高速公路优质工程质量管理规定（试行）》的要求，创广东省优质工程，争创鲁班奖。

（4）安全目标：创建交通运输部“平安工地”示范项目，杜绝重大责任事故，实现零伤亡安全责任事故。

（5）环保目标：全面实施“资源节约、环境友好、节能减排、低碳环保”等可持续发展技术，建设“绿色生态之路”。

（6）廉政目标：建立并实施廉政责任制，贯彻“阳光工程”理念，确保无违法违纪案件发生。

（7）档案工作目标：在档案专项验收中达到“优秀”等级，同时争创“广东省重大建设项目档案金册奖”。

1.3.2 资金管理1个“零”

项目管理是一种系统而又复杂的经济管理行为，高速公路的参建单位众多，由于各方的出发点和落脚点不尽相同,受不同利益的驱动而有各种各样的行为,所以建设资金的管理是项目管理的神经,牵一发而动全身。能否管好资金,产生的结果有“1+1大于2还是1+1小于2”的区别。

江罗高速公路资金管理的1个“零”,指的是在资金管理“零”风险要求下实现建设过程“零借款”,目的在于确保建设资金的安全、体现资金的时间价值。江罗高速公路的实践证明:项目建设中“零”借款,不会因为解决阵痛而留下长痛、带来恶性循环,只要不借款、忍一忍,并通过“零”借款来倒逼变更清理、促进变更清理速度以加快资金支付,就可以带来健康的资金管理、形成良性循环。

因此,江罗高速公路以解决资金紧张问题为导向,以及时投入施工、及时计量支付(每月1次计量,2次支付,分项封顶)、及时审批变更解决资金紧张问题,实施“6个严查、6个倒逼”,即严查施工条件、倒逼征拆进度,严查投入状态、倒逼施工进度,严查产品合格情况、倒逼质量提升,严查建设资料完整性、倒逼工程档案形成,严查设计变更情况、倒逼设计质量提高,严查变更的实施、倒逼变更批复进度。

以“倒逼变更、促进变更管理”为例。江罗高速公路首先成立了由业主、监理、设计、施工各方参与的变更设计管理小组,明确了“2个30天”控制要求:第一个30天解决问题、完成下发变更设计的所有程序;第二个30天完成变更设计上报及各环节审批程序。建立目标管理要点,每月总结上月变更执行情况、下达本月变更清理清单,以经济杠杆、更换变更小组成员和约谈执行不力单位的上级领导等为主要管理手段,使变更清理工作基本实现与建设同步推进,比较有效地解决了施工单位的资金紧张问题。

1.3.3 安全管理2个“严”

安全生产是项目建设的基本保障。江罗高速公路坚持“安全第一、预防为主、综合治理”的安全管理方针,坚决落实“一岗双责、党政同责”要求,促进各项管理措施落地,使江罗高速公路自开工以来没有发生一起安全生产责任事故,保障了生产的安全。

江罗高速公路安全管理的2个“严”,指的是“严把准入、严保落地”。严把准入,就是严把特种作业人员和安全专职工人员的准入关,严把特种设备的准入关,确保人员有资质、设备无隐患;严保落地,就是指通过安全生产清单化管理办法,严保安全经费落到实处,通过对风险源的评估和预判预控,确保重大风险管理措施落地,通过有效落实安全专项方案和对作业防护的检查,确保安全监管落实到位。

以上路交通安全为例。高速公路建设进入路面施工阶段后,存在路线长、路况好、施工单位多、施工人员多、施工车辆多、进出口多和施工点多的特点,必然导致车辆速度快、设施布控难、管控目标杂、交通意外难控制,以及发生事故后责任难界定的特性。因此,江罗高速公路采取了“2个严”措施:

(1)首先是“严把准入”。专人、24小时看守好临时进出口,所有车辆凭核发的通行证进入高速公路,看守进出口人员必须做到四查,即查人、查车、查证、查牌,杜绝随意进入未通车路段。

(2)其次是“严保落地”。合并出入口,减少不可控因素,进入口责任制管理,谁使用谁负责;主线每200m设一道S形水马强制降速,分路段限速。通过报纸、电台宣传路段封闭管理,杜绝附近村民进入未通车路段;路政提前介入,利用测速仪对施工车辆进行测速,违者重罚。

通过落实2个"严",较好地控制了上路交通安全,保证了安全生产态势平稳。

1.3.4 质量管理3个"精"

在当前经济发展新常态下,对质量管理提出了新的要求,规模速度粗放型管理已向质量效率集约管理转变,产品生产中要求"精雕细琢、精益求精、注重细节"的工匠精神。管理的目的就是要实现设计功能、工程优质耐久,只有精细、精准、精心才能出品质。

江罗高速公路质量管理的3个"精"指的是:精细管理保品质、精准测评提品质、精心组织立品质。

(1)精细管理保品质

主要分为工艺控制、缺陷整治和技术管理三个方面,落实精细控制、决不放弃和逐一处治的原则。

①工艺控制方面。贯彻以"首件验收制"为抓手、以反观问题为导向、以固化工艺流程为手段、以完善制度为保障的管理思路,反观内在质量、存在缺陷、外观水平和干扰因素,克服人的随意性、设备的不稳定性、材料质量的波动性以及环境影响,尽量减少不确定因素,使施工方实现从不会到会做、能做、熟做,再到细做、精做五个阶段的转变。

②缺陷整治方面。江罗高速公路对路基、桥梁、隧道、路面等各个方面进行了细致的排查整治,对问题毫不留情、决不手软,力争少一分缺陷、多一分耐久,取得了较好效果。2016年4~6月期间,江罗高速公路组织了为期45天、代号为"利剑行动"的工程缺陷整治专项行动,组织监理、施工单位,参照交工验收标准,以步检步查的方式,排查并形成问题清单和责任清单(共1224条),明确整改时限、标准和责任人,整治台账必须附前后照片,业主随机抽查、不定期"回头看",有力提升了工程质量,为交工验收取得良好成绩做好了准备。

③技术管理方面。江罗高速公路对数百口鱼塘、数百道涵洞、数百段软基,上千个边坡和山谷洼地,几千根桩基等进行了逐一处治,处治过程中充分注意方案与工艺、材料、指标和效果的结合,有力保证了工程质量。

(2)精准测评提品质

以信息管理为手段、检测数据为凭证提高验收指标,通过量测、检测、监测和预测,实现管理心中有数、施工方案有根有据、工程质量可评可判,以事实为依据、以合同为准绳的奖惩,公平、公正、公开,激发参建单位工作热情,既通过量测、检测提升工程质量,又通过监测、预测及时采取有针对性措施,保证了工程质量和生产安全。

以量测为例,三年来,江罗高速公路共进行了混凝土强度检测19.3万个点(合格率100%)、混凝土保护层厚度检测28.6万个点(合格率89.5%)、钢筋间距检测15.1万个点(合格率92%)、平整度检测5.4万个点(合格率95%),通过量测有力提升了工程品质。

(3)精心组织立品质

通过精心的组织管理,减少工程施工中的相互影响因素,使工艺控制、施工流程始终把控得当,保证工程质量过硬。

以路面"零污染"施工、打造路面品质工程为例。江罗高速公路在实现"路面施工零污染"过程中,秉持"一盘棋协同管控"理念、以"细火炖靓汤"的观念,十分注重减"黄"、扫"黄"、杜"黄"和防"污"四阶段,各项涉土工序前置,确保了沥青下封层作业前各涉土工序全部完成,较高水平实现了路面“零污染”施工。四阶段内容具体如下：

第一阶段：减少黄土污染源。本阶段以实现全断面路基交验为目标，不但路基交验的常规指标（如弯沉、压实度、平整度、路幅等）要达到要求，上下边坡还必须完成绿化，完成所有排水设施和桥台搭板，并且要求一次交验长度不少于500m。全断面交验的实现，大量减少了对“零污染”施工最大的威胁：黄土污染源，为路面标及时作业提供了工作面，为路面“零污染”实施打下基础。

第二阶段：扫除黄土污染源。本阶段以及时完成水稳施工为目标，以路面施工单位为主，土建、房建、交通安全、绿化和机电标协调作业，通过统筹组织，实现交叉有序、忙而不乱。土建标对取弃土场进行绿化，加快桥梁上部结构施工，完成隧道洞门洞内相关工程；房建标实施房建主体工程，对连接道路进行硬化，完成场外与土有关的取弃工程；交通安全标完成交通安全基础工程；机电标实施埋管穿线绿化标对中分带进行绿化；路面标在路基交验7日内完成路面垫层、基层铺设，同步完成路缘石、中分带护栏安装，对中分带培土，对土路肩培土并绿化，进一步消灭黄土污染源。对于在施工过程不小心产生的黄土污染，责任方必须马上进行清洗。

第三阶段：杜绝黄土污染。本阶段以路面施工为主要内容，防止施工过程的少量黄土污染。一是凡是与路面有关的涉土施工，必须做到下垫布施工，防止黄土污染路面；二是及时覆盖水稳层，防止路基泥土带上路面；三是通过切断临时道口、设置路面施工交通管制区、设置门岗管制交通、设置洗车装置等切断外来“黄”源；四是沥青层间施工前采取扫、吹、洗工序进行施工前清洁，确保沥青层间联结质量；五是钢轮压路机施工前除锈防止影响沥青施工质量，护栏立柱打桩机兜底防漏油污染；六是及时回收施工垃圾。

第四阶段：防止油料污染。本阶段路面“零污染”施工目标已基本完成，但为切实提高工程质量，对挂波形护栏、挂标志牌、标线、安装伸缩缝等进行严格控制，采取下垫油布方式防止机械漏油污染，及时清理施工产生的垃圾。

通过精心组织路面施工“四阶段”，江罗高速公路项目的路面“零污染”施工得到了行业内的充分肯定，获得了路面工程的优良品质。

1.3.5 进度管理4个“控”

对于工程进度的管控，必须始终坚持非常态思维——高速公路建设时间跨度长，各种不可控因素非常多，变量很大。以常态思维管控进度，必然陷入被动境地，所以务必主动管理、尽早介入、严格控制，必要时采取非常规措施，才能始终有效控制进度。

江罗高速公路进度管理的4个“控”，指的是在统筹管理状态下，对“总体进度规划控制、招投标进度控制、征拆协调进度控制和施工组织进度控制”。江罗高速公路将建设时间划分为“基础年、关键年、冲刺年”。一是要充分把握基础年，征拆工作以大面积“扫荡”、提供工作界面为主，形象进度以完成基础为主；二是要牢牢把控关键年，征拆工作以“拔除钉子”、打通卡点为主，要实现“单幅拉通”的目标，为加快工程进度创造时空基础；三是要全力以赴冲刺年，征拆工作以“排雷”、清除影响通车的关键点为要求，形象进度方面，以实现路面“零污染”施工为目标，全力打造路面品质工程。

在进度管理中，采取“五分五保法、红绿灯管理法、节点控制法”等计划，切实有效使进度计划按计划表进行控制。

例如：2015年12月至2016年5月，旱季不旱、雨季更雨，有效施工晴天(连续3天以上)总共只有10段计51天，占总天数的28%，严重影响了总体进度目标实现和路面"零污染"施工目标的实现，各个工点不时亮起"红灯"。江罗高速公路要求各标段主要领导蹲点、逐段跟进。对于关键节点，要充分把掌握天气变化情况，一旦有良好天气，就要1天当作2天用，"5+2、白+黑"抢时间，采取"运动战"与"歼灭战"相结合的办法，把实施能力不足的标段的部分段落切割给有能力的标段实施，对因地质原因迟迟不能完成交验的路基，采取路槽换填、覆膜防水等特殊处理措施加快路基交验，使江罗高速公路上半年的既定目标基本得到落实，为路面工程施工赢得了时间。

1.3.6 生态环保5个"减"

节约资源、保护环境是我国的基本国策，党和国家提出了加快建设资源节约型、环境友好型社会，坚持可持续发展、绿色发展的要求，所以工程建设也必须从提高效能、降低排放、保护生态出发。江罗高速公路从通车前两年多，就开始谋划全线的生态绿化，请专业单位进行专业设计，建设人与自然和谐共生的绿色工程。

江罗高速公路的5个"减"，指的是"减少开挖、减少废弃、减少冲刷、减少扬尘、减少排放"。通过"5减"实现"5绿"，即：绿色边坡、绿色中分带、绿色隧道洞口、绿色互通、绿色取弃土场。

一是隧道施工减少开挖。通过严控界限、减少随意开挖，实施"零开挖"进洞、减少隧道洞口开挖量，采取光面爆破、减少隧道开挖的扩孔率。

二是减少废弃。不随意破坏环境，对临建设施统一规划、二次利用，对全线取弃土场进行统一规划，同时充分利用好不良土质(主要是高液限土)，减少取弃土方，提高效能。

三是减少冲刷。上边坡开挖一级防护一级，下边坡路基临时排水与永久排水相结合，隧道洞口边仰坡客土喷播绿化，及时防护，有效减少冲刷，减少污水污染鱼塘农田。

四是减少扬尘。除了在施工过程同步水土保持和环保监测外，还及时整修取弃土场，及时复垦复绿，中分带、土路肩、互通尽早植草种树，有效减少了扬尘。

五是减少排放。沥青拌和楼采用天然气加热，既提高了沥青混合料的质量，又减少了废气排放；隧道洞口利用太阳能电子板减光同时节约照明能源，隧道洞内采用变频风机和节能灯，有效节约能源(预计可节约能源40%)。

通过"5减"，江罗高速公路实现了"未通车、景观成"，道路已然绿意盎然、花朵点点，生态保护效果明显。

1.3.7 统筹推进6个"同"

统筹推进是高速公路项目建设健康有序推进的内在要求。

江罗高速公路的6个"同"指的是：

(1)路网规划同步实施，四通八达畅通无阻(4处高接高枢纽、12处地方平交)。

(2)基本建设程序同步获得批复，不违规、不踩线。

(3)水保环保监测同步推进，有效监管。

(4)各项配套功能设施同步完成，不留尾巴。

(5)变更清理同步跟进，工完账清，控造有力(预计可比概算节余造价13%以上)。

(6)工程档案同步建立,不拖后腿。

通过实施6个“同”,江罗高速公路内在建设程序、使用功能完善,工程档案完整,外在生态良好,连路成网,造价得到有效控制。

江罗高速公路按照“十二五规划纲要”和广东省委省政府“振兴粤东西北”的战略部署,统筹组织、安全为先、紧促进度,紧紧抓住“实”字做文章,切从“实”际出发,一切以“实”字为依归,在“十三五”的开局之年,充分落实“创新、协调、绿色、开放、共享”的经济社会发展理念,把工作做实、做细,成就了一条质量得到业内赞许、生态得到社会赞许的“品质工程”。

第2章 江罗高速公路隧道品质工程建设实践

品质(Quality),既指工程物体的外表美观,又指内部材质的耐久特性,还反映制作过程中的精细程度。就隧道的构筑方法而言,有山岭钻爆法隧道、机械盾构法隧道、预制沉管法隧道。就钻爆法隧道而言,既有山体开挖洞腔围岩稳定、地下水防治、支护衬砌、洞口工程等内部(隐蔽)工程的品质问题,又有运营期交通通行的效率与安全、机电系统的节能与防灾、隧道环境的舒适与景观等外部工程的品质问题。以上每个环节都具有优良品质,即为隧道"品质工程"。

建设品质工程理念要先行。从江罗高速公路隧道品质工程建设实践中,总结得到以下重要经验:要用"设计工作和建设管理工作"的质量来确保工程实体品质,在项目前期就要注重顶层设计,从项目设计、招标、施工、管理以及指挥部人员队伍组建等,统筹谋划全局,制定目标方案,明确标准要求,践行品质理念。还需要加快推进工程管理信息化建设,规范信息化管理标准,按照"互联网+交通基础设施"思路,加快推进"智慧工地"建设,建设单位、监理单位、施工企业要提升项目管理信息化水平。加强施工企业规范班组管理,分包的科学性与规范化是建设市场的短板,班组管理是施工企业管理与现场生产的薄弱环节,是打造品质工程的瓶颈,要积极推进农村务工人员向产业工人转变。此外,加强品质工程质量管理、安全保障水平都是打造品质工程的重要举措,本书将在第3章和第4章分别细述。

2.1 公路隧道品质工程建设管理

2.1.1 隧道建设管理专业化

江罗高速公路对隧道工程各项管理工作高度重视,领导不但以身作则承担隧道管理小组组长,实时关注隧道管理各项工作进展,并且时常亲临现场进洞检查工作和解决问题;不仅引进第三方检测机构,还经常邀请知名专家到现场开展讲座、指导现场施工和解惑答疑;尤其是在研究专项方案和处理突发事件时,领导层必亲临现场并组织专家会解决问题。领导层的重视无疑给项目的隧道管理工作带了好头,深切影响到各单位和各级管理人员对隧道的管理态度,在项目内部对隧道管理树立了一定的高度。

(1)隧道专项管理机构

隧道作为江罗高速公路管理的重点、难点以及关键点,成立专项管理机构强化管理职责尤为重要。因此,项目组织领导班子、隧道专家、隧道专业管理人员及各有关职能部门负责人成立了"江罗高速公路隧道工程管理小组"机构,突出了隧道管理的重要性,并实现了隧道过程管控及动态管控的前置条件。该机构负责全线隧道围岩等级、施工工法变更、隧道抢险方案及其他隧道相关重大技术方案的讨论与制订，并参与隧道安全、质量和进度管理等专项工作。

江罗高速公路内部形成自上至下的管理链条，针对隧道施工风险较高、难度较大的特点，成立由总工程师任组长，副总工程师任副组长，工程部、安质部等部门主要负责人、隧道顾问、施工、设计、监理、检测单位负责人为组员的技术管理小组，应对隧道施工中的重大变更及突发事件；同时，现场管理方面，形成标段业主代表与隧道专职业主代表双层管理，副总工程师及安质部定期巡查的管理机制，及时发现并跟踪处理问题。

(2)隧道管理制度建设

在隧道管理制度建设方面，江罗高速公路细化完善了《江罗高速公路工程变更管理办法——隧道动态变更管理》，具体明确了隧道动态变更的权限、程序、内容及变更依据等细节；切实结合隧道规模、结构形式、工期和造价管理要求、机械设备、地质条件及施工技术水平等综合因素，开创性的制定了《隧道施工开挖方法变更管理规定》，明确了隧道开挖方法变更须按照"项目专项技术管理小组到现场核实并召开现场预备会，业主组织召开工法变更会议，选择适宜的开挖方法"的基本操作程序和相关管理要求。

针对角色差别和工程特点，分别对施工方和第三方量身定制了两套《监控量测及质量检测管理办法》，规范了隧道监控量测及质量检测工作，切实提高了施工效率，在实际工程应用中发挥了积极而重要的作用，及时有效避免了多次工程事故；为加强江罗高速公路隧道、边坡工程锚杆(索)质量无损检测管理工作，切实保障隧道和边坡防护工程的施工质量，明确参建各方职责，规范第三方检测单位的主要工作程序和管理要求，制定了《江罗高速公路隧道、边坡工程锚杆(索)质量无损检测管理办法》，在隧道施工中，通过第三方开展锚杆无损检测工作，及时发现施工中存在的锚杆数量、长度、注浆饱满度等方面的质量缺陷问题，有力地确保了施工质量和安全。制度约束和规范行为使得现场施工及管理工作有据可依、有法可循，极大地提高了管理效率。

(3)专业的隧道项目管理团队

江罗高速公路领导非常重视隧道管理，不仅组织研究制定各项管理制度，而且成立专项管理机构和引入第三方检测机构，同时大力倡导隧道管理全员参与，要求各参建单位全过程参与到隧道管理工作中来，充分调动全员积极性、主动性，发挥集体智慧。

项目业主聘请隧道专家作为顾问并常驻现场，同时组建由经验丰富的专业管理人员组成的管理机构开展日常管理工作；要求设计单位隧道设计人员及专业地质工程师常年驻守现场，确保对隧道内地质情况等的实施跟踪，隧道变更及事故应急等及时获取设计方专业意见；加强和细化对监理的管理，要求各总监办派驻隧道专业监理人员入驻现场，实时掌控现场施工，各总监办至少配置一名隧道专家或地质专家，积极参加隧道应急处理会议并提出建设性意见；加强施工单位的专业管理人员到岗、项目部管理"一杆插到底"和明确责任制等措施。

2.1.2　隧道建设标准化

(1)施工作业标准化

就公路隧道而言，其标准化涉及施工的每一个工序，本节仅就关键质量控制环节简述如下：

①洞口规划：洞口布设因地制宜，合理规划，保持场地规范、整洁，在洞口显眼位置设置标志、标牌、标语（图2-1）。

图2-1　洞口标准化

②开挖工法标准化：隧道开挖根据不同围岩地质条件严格按照批准的开挖工法施工。

③开挖爆破（光面爆破）：光面爆破在拱部一般控制较好，边墙较差，特别是采用台阶法开挖时，扩挖下半断面时开挖面控制较差，超欠挖严重，边墙中部超挖较多，边墙脚欠挖较严重。石质隧道的爆破作业，采用光面爆破施工工艺，减少对围岩的扰动，保护围岩强度和整体性。

④钢拱架数控加工：统一采用数控自动化进行钢拱架加工，确保加工精度与质量（图2-2、图2-3）。

图2-2　钢拱架加工

图2-3　连接钢板冲压加工

⑤钢筋网片模具加工：隧道喷射混凝土钢筋网片采用胎架加工，钢筋网片整体刚度较高，安装时变形小，提高了钢筋间距合格率（图2-4、图2-5）。

图2-4　钢筋网片胎架加工

图2-5　钢筋网片安装

⑥钢拱架安装、检查：钢拱架安装标准化，对安装间距、焊接及安装质量进行了标准化要求，且安装后全部预留开孔，利于检查（图2-6、图2-7）。

图2-6　钢拱架安装

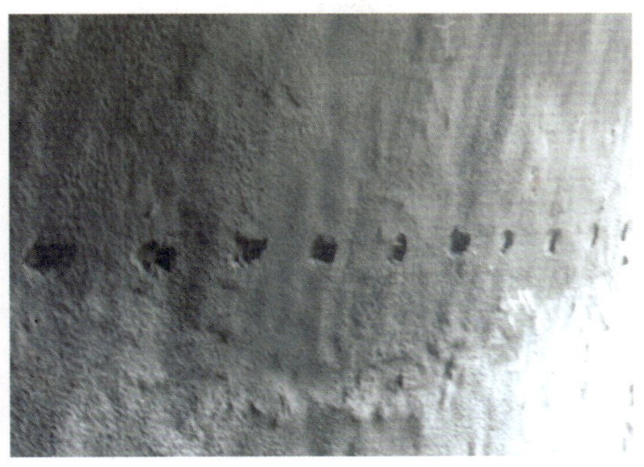

图2-7　预留检查孔

⑦喷射混凝土：隧道初期支护混凝土采用潮喷或湿喷工艺，提高了施工效率与混凝土性能，加快了施工进度，有利于标准化控制及机械化作业（图2-8，图2-9）。每循环围岩开挖暴露后必须立即初喷一层混凝土（厚度大于4cm）。在围岩较好的地段，在渣堆上作业，完成拱部初喷，出渣后再喷下半部分，复喷混凝土应从下到上两侧对称作业。围岩较差的地段，分部开挖、短进尺开挖时也必须先喷混凝土，再立拱架。

图2-8　初期支护混凝土湿喷工艺

图2-9　机械手喷射施工

⑧仰拱施工平台标准化：包括仰拱模板系统（图2-10）、栈桥系统、走行系统等。仰拱二次衬砌混凝土浇筑时，由于混凝土具有可流动性，特别是灌装运输的混凝土坍落度较大，两侧混凝土振捣后，不能保证设计形状，应采用内模板，保证设计形状和密实度要求。仰拱一次开挖长度宜控制在6～8m，设25工字钢作栈桥跨越，解决洞内运输。

⑨二次衬砌台车标准化：执行隧道二次衬砌台车（图2-11）准入制度，台车必须经过验收合格后方可投入使用，台车长度一般为10～12m，曲线半径小于1200m的台车长度不应大于9m。

⑩防水与排水工艺：防排水系统失效在地下水丰富地区极易导致隧道病害的产生和恶化。需要认真执行防排水系统施工标准化工艺：防水板铺挂（图2-12）、焊接、环向排水管与纵向排

水管的三通连接、纵向排水管与排水盲沟的定位于保护、横向排水管的保护、深埋水沟(管)的纵向高程、连接和盲沟保护、防淤塞等。

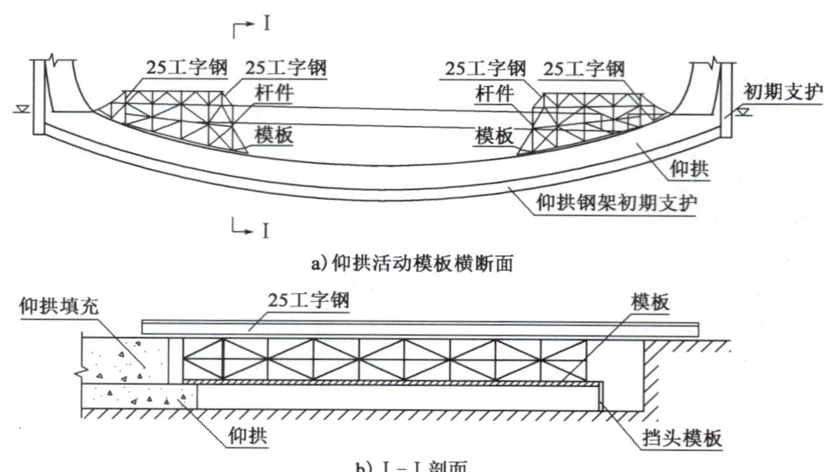

图 2-10　仰拱活动模板

图 2-11　二次衬砌台车

图 2-12　防水板铺挂效果

⑪二次衬砌钢筋定位技术:钢架支管、标准砂浆垫块与卡尺配合定位(图 2-13)等。

a)

b)

图 2-13　钢管支架及砂浆垫块定位

⑫二次衬砌混凝土施工工艺标准化:对二次衬砌混凝土和易性、人员设备配置、浇筑工艺等进行标准化要求,确保二次衬砌结构轮廓线条直顺美观,混凝土颜色均匀一致(图2-14、图2-15)。

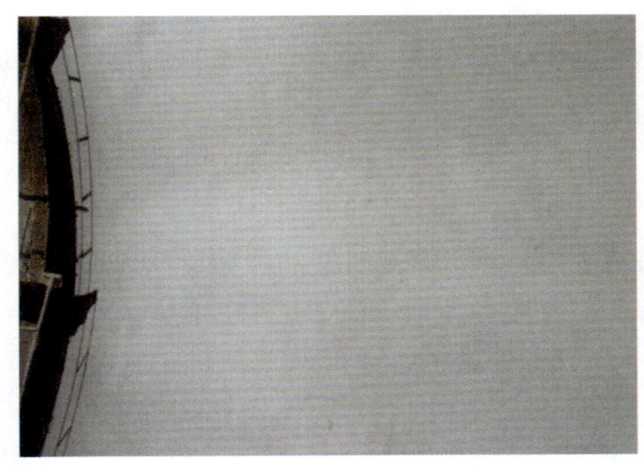

图2-14 二次衬砌混凝土颜色均匀

图2-15 二次衬砌混凝土无错台

⑬预留预埋施工工艺:预留洞室尺寸要符合设计,棱角整齐,外观质量好(图2-16)。预留接线盒的位置要准确,线形要与隧道的线形相一致(图2-17)。

图2-16 预留洞室

图2-17 预留接线盒

(2)安全生产管理标准化

为规范隧道施工安全管理,江罗高速公路不间断组织隧道专家和隧道监理工程师对隧道施工的安全隐患逐一排查,重点检查隧道施工"六控制"执行情况,并以隧道施工主要工序安全质量监管和超前支护措施监管为主要对象,强化、规范监控量测和超前地质预报,确保围岩变更后及时加密断面测点和工法变更,及时有效指导隧道施工。通过专项治理,各施工单位按照"平安工地"建设标准组织隧道施工安全管理,施工安全可控,涌现出不少现场管理亮点,如隧道洞口全部安装门禁系统,实施人员和设备出入登记制度,隧道洞内施工实施视频监控系统;采用新的爆破工艺,提高光面爆破质量和降低粉尘含量;隧道洞口场地实施硬化和绿化等,文明施工方案得到较好落实。

①开展隧道施工安全风险评估。

隧道工程前，江罗高速公路委托交通运输部科研单位对隧道施工进行全方位的安全风险评估。通过定量和定性分析的科学方法对隧道施工过程中各项作业活动、作业环境、施工设备（机具）、危险物品、施工方案中的潜在风险开展风险源辨识、分析、估测、预控。施工单位根据风险评估结论，完善施工组织设计和危险性较大的分部分项工程专项施工方案，制定相应的专项应急预案，对项目施工过程实施预警预控。并开展施工风险技术交底、现场重大风险源告知。

②开展隧道洞口布置及文明施工专项整治。

通过各单位的共同努力，江罗高速公路所有的隧道洞口均设置门禁和视频监控系统，并认真落实隧道出入登记制度。隧道洞口的井然有序，文明施工措施的落实，美化了施工环境，提升了项目的形象。

③隧道施工作业防护。

江罗高速公路严格落实隧道施工标准化的各项要求，隧道施工台车、洞内交通安全、通风、照明、标志标牌、隧道逃生系统等各项安全防护，隧道作业台车作业平台满铺并设置安全栏杆，工作平台设置爬梯，安装防护彩灯和反光标志，配备消防器材等。

长大隧道三岔顶隧道和王北凹隧道除了按照常规要求设置门禁系统及洞口视频监控系统外，还在洞内设置视频监控系统和洞内人员定位系统，实时了解隧道内的作业情况和人员分配情况；设置有害气体检测仪，检测洞口空气粉尘和瓦斯含量；隧道内进行交通管制，设置交通安全设施，做到人车分离。通过一系列安全设施和设备的投入，有效保证了隧道内施工作业安全（图 2-18、图 2-19）。

a)

b)

图 2-18　隧道洞内交通安全设施

④创新安全费用管理模式，促进安全防护落实到位。

将安全生产费用清单化，开工前完成安全费用的概算，制定相应的计量支付管理办法，并纳入合同管理。江罗项目所涉及的安全设施和设备均出自安全生产费用，同时还包括工人的安全培训、个人安全防护、应急物资、工人的保险等费用，安全费用的落实，促进了隧道安全管理。

⑤隧道夜间施工管理。

a)隧道洞口门禁设施

b)台架反光警示标志

图 2-19　隧道施工安全防护图

江罗高速公路对隧道夜间施工进行严格监管,安全管理不留死角。开展夜间隧道施工的单位必须事先制订施工专项方案和应急预案,并向监理单位和建设单位报批,同时完善现场应急处置措施,做好各项应急准备。实行主要领导值班带班制度,质量安全主管人员加大夜间巡查力度,夜间当班的质量员、安全员、监理员自始至终在岗。隧道掌子面开凿炮孔、爆破作业、出渣、初次支护等环节要有现场技术负责人组织,并对每一个环节进行确认。

⑥"零事故班组"建设。

开展隧道施工"零事故班组"建设,将安全管理的重心下移,采用工人喜闻乐见的安全教育形式(图 2-20),如设置移动智能语音播放器进行安全注意事项播报,开展班组安全技能和知识竞赛,建立安全管理微信平台等;加强班组长培训和选拔,提高管理水平,建立师徒帮带等模式,促进班前、班组、班后的管理;制定"零事故班组"考核奖惩办法,提高广大一线工人的积极性。

a)"零事故班组"作业

b)"零事故班组"宣传教育方式

图 2-20　"零事故班组"宣传教育

⑦隧道施工安全应急管理。

安全生产重在预防,应急管理工作是安全生产的重要保障,江罗高速公路坚持做到"一隧一演练",要求每座隧道根据风险评估成果和施工情况,编制应急预案和演练方案,开展具有各自特色的应急演练,如牛山隧道、良洞隧道、王北凹隧道的防坍塌演练,大石岭隧道防突泥涌水演练均取得了良好效果。隧道内应急逃生系统、应急照明、应急物资等是日常安全检查的重点。过硬的应急管理工作为具有高风险的隧道施工保驾护航。

(3)工程管理标准化

根据围岩地质和监控量测等信息修正施工方法和支护参数,是开展隧道施工的重要原则之一。根据相关规范、设计文件以及项目管理规定和要求,明确了江罗高速公路隧道施工可根据隧道长度、断面大小、结构形式、工期要求、机械设备、地质条件及施工技术水平等综合因素,选择适宜的开挖方法。为规范隧道施工开挖方法变更管理流程,切实保障隧道施工开挖方法的合理性,达到规避风险、加快进度、节约投资的目的,江罗高速公路组织专业管理人员研究讨论制定了江罗高速公路隧道施工开挖方法变更管理规定。

①为切实有效开展开挖方法变更管理工作,成立了由业主公司副总经理兼总工程师担任组长、各参建单位技术负责人和专业技术人员组成的管理小组,并明确了小组的职责。

②为切实提高隧道开挖方法变更会议效率,对会议前的准备工作做出了详细规定。

a. 开挖方法变更要求首先由施工单位提交变更申请,并明确了变更申请准备材料,特别要求施工单位推荐开挖方法并提出合理及经认可的图表报告,同时要求增加工程量和造价比较等内容。

b. 接到变更申请后,要求技术管理小组成员现场调查有关情况,尤其要针对项目部管理情况、作业队伍施工水平等做出考评。

c. 为加快变更管理工作,要求预备会初步明确变更可行性,并对申请资料和现场需要完善的部分提出意见并给出整改完成的确切时间要求。

③会议相关规定和要求。为切实提高会议质量和效率,对会议各方职责分工和重点讨论内容进行了规定,要求参会各方准备针对性会议材料并提出实质性意见。

a. 对各参会单位进行了明确分工,要求各单位有针对性的提供意见。设计单位针对地质评价、开挖方法具体设计要点和施工注意事项;监理单位针对承包人整改的内容及情况、申请资料的审核、申请方案合理性;第三方监控量测单位针对地质情况、变形稳定性及施工质量等进行评价。同时对江罗分公司安质部和工程部进行了分工,安质部侧重于对质量和安全管理情况等进行审核、评价;工程部对现场整体管理情况进行评价。

b. 为提高会议效率及针对性,对会议重点讨论的内容进行了明确,具体包括变更方法各项参数的确定、施工措施要求、施工措施的合约关系、安全保证措施的合理性等内容。在施工措施的合约关系中,要求讨论明确所涉及费用为辅助措施费用还是加强措施费用,通过该界定明确了费用是否应由业主单位进行补偿。

④工程实践。2014 年 3 月 12 日,施工单位提出将王北凹隧道左线 LK100 + 496 ~ LK100 + 526、右线 RK100 + 499 ~ RK100 + 529 分离式 V 级围岩段双侧壁导坑法变更为三台阶七步流水作业法,后技术管理小组成员现场调查包括项目部管理情况、作业队伍施工水平等情况,初步同意可进行变更,并对资料和现场需要完善的部分给出具体整改意见。2014 年 3 月 14 日,江罗高速公路组织设计、监理及施工单位召开了专题会议。经研究讨论,会议同意施工单位隧道开挖方法变更申请,并对开挖方法转换提出具体要求:为加强钢拱架支护,控制围岩变形,三台阶七步流水作业法各台阶拱脚均采用注浆小导管进行加固;做好超前地质预报与监控量测工作,实时掌握围岩情况,在围岩条件变差时可根据现场情况转换成 CRD 或 CD 法进行施工;

尽量采用机械开挖,禁止强爆破施工;施工过程中做好地质超前预报工作,预防溶洞、突泥、涌水等地质灾害的发生;施工单位针对三台阶七步开挖法编制专项施工方案报总监办审批,并且严格按照批复的方案进行施工,控制好各台阶步距与高度。之后施工单位严格按照三台阶七步开挖工法相关要求进行施工,顺利完成该段建设任务。

2.1.3　隧道建设管理精细化

隧道施工管理是江罗高速公路管理工作的重点、难点和关键点,为统筹协调该工作,江罗高速公路整合了工程、安全及质量专业管理人员及各有关职能部门负责人,成立了由总经理担任组长的隧道和高边坡动态管理小组。该机构全权负责全线隧道围岩等级变更、施工工法变更、隧道抢险方案及其他隧道相关重大技术方案的讨论与制订,并参与隧道安全、质量和进度管理等工作,实现了项目隧道施工过程中及时、合理的动态管控。

项目建设初期,江罗高速公路制定了工程变更管理办法,对隧道变更划分为:支护类别变更、不可预见的客观非人为因素造成的变更、隧道工程质量问题造成的变更。同时,对各类变更提出了具体管理要求。

(1)支护类别变更

一般包括由地质差异造成的围岩级别和施工方法调整相应改变支护参数的一类变更。为切实落实该类变更,要求各方在变更会议前必须现场勘察并核实施工及监理单位提供的相关基础资料,并结合地质预报资料、量测数据、质量检测情况等明确变更意见,形成会议纪要。

(2)不可预见的客观非人为因素造成的变更

明确了由特殊地质条件或自然条件等不可预见或预判不准的客观非人为因素引起的一类变更,同时明确了该类变更的处理程序。

(3)隧道工程质量问题造成的变更

明确了由施工或管理造成的隧道初期支护及二次衬砌变形开裂、渗漏水、隧道塌方等工程质量问题而引发的一类变更。明确了该类变更后直接召开现场会议,派出代表组成调查组明确责任方并根据《江罗项目奖罚管理办法》进行处理;参会各方共同商讨确定变更处理方案。

为加强隧道施工管控,在项目建设过程中对隧道变更管理办法进行了补充、完善。对施工单位超前地质预报、监理现场巡查工作提出了要求,并对项目变更管理程序、动态管理制度提出了意见。其中重点强调了以下内容:

①施工单位超前地质预报必须通知监理见证、签认,签认资料作为超前地质预报费用的计量依据。

②隧道监理在巡查时要对掌子面及开挖情况、掌子面与二次衬砌的距离等重点关注并填写相应表格;将掌子面围岩原设计情况、围岩描述及建议处理意见等填入表格。以上表格均需施工单位和监理单位隧道及地质专业工程师签认,作为监理隧道日常管理工作的体现。

③各方一旦发现地质条件发生明显变化或监测资料显示有异常,必须第一时间通知其他参建各方快速联动处理,共同分析讨论、明确处理意见。

④隧道掌子面地质及围岩情况与设计不符的,需先经监理及施工单位地质和隧道工程师认可需进行工法或围岩变更后,方可按照既定程序提请各方审定。开挖方法及围岩变更在现场核查及预备会议阶段可现场签认变更会审纪要,明确处理方案后施工单位即可组织施工,之

后以变更会审纪要及相关资料为附件在召开变更会议后出具正式纪要，设计以正式纪要为依据出具设计后服务函。

隧道动态变更基本资料包括：隧道掌子面地质观察记录表、工程地质现场确认报告单、地质超前预报与监控量测单位负责整理的资料及报告等。

2.2 公路隧道品质工程设计

2.2.1 强化系统设计

公路隧道设计应以工程质量安全耐久为核心，系统考虑工程建设施工和运营维护，加强可施工性、可维护性、环境保护、灾害防御、经济性等系统设计，实现工程建设可持续发展。加强设计效果跟踪评估，及时调整优化设计，提高设计服务水平。

（1）首次采用棚洞结构

江罗高速公路根据建设新理念，满足"资源节约型、环境友好型"交通建设的需要，结合支挡、防灾、安全的特点和需要，提出大跨异形棚洞结构新型施工技术，以金中山棚洞为依托，对大跨异形棚洞结构施工技术进行深入研究。首先，从大跨防灾型棚洞结构的施工工艺进行研究，提出非整体式模板台车大断面棚洞结构施工工艺；其次，针对依托工程的实际情况，对非整体式模板台车大断面棚洞结构施工方案进行数值仿真，提出棚洞结构的信息化设计施工技术，确定棚洞结构现场监控量测的项目、测点布设方式、监测警戒指标的设定、监控量测的手段、监控量测数据的处理技术等；最后，提出施工质量的控制和验收办法。

（2）大规模推广"零开挖"进洞工法和绿色洞口

洞口是隧道的标志，是隧道工程的重要组成部分。长期以来，隧道洞口设计侧重于考虑洞口的结构稳定性，一般采用拉槽切坡方式，不仅对洞口自然环境造成极大破坏，而且也对山体稳定性造成极大影响，严重时甚至诱发滑坡等重大地质灾害，造成洞门形式呆板，与环境不协调。随着公路建设的发展，隧道洞口的视线效果和心理感受越来越受到关注，国内外出现了很多优秀的隧道洞口设计，总的来看，自然、简洁、充分与环境融合的洞口景观被普遍认可。

江罗高速公路在全线大规模推广"零开挖"进洞工法和绿色洞口，尽量平衡山体稳定性、造价、景观之间的关系，造价变化不大的情况下，对于有条件采用削竹式洞门的隧道洞口，尽量采取削竹式洞门，同时尽量减少开挖，努力做到"零开挖"进、出洞；重视洞口边仰坡复绿施工，既保留了原边仰坡锚喷支护的防护作用，同时又通过回填控制尽量与周围山体相协调，并尽量选择与当地植被协调的草灌种，以最大限度地融入周边景观，取得较好的景观效果；对洞口装饰进行优化，从经济性、耐久性、景观性及后期维护多方面考虑，江罗高速公路隧道内饰设计景观采用边墙瓷砖饰面加拱顶涂装的方式，利于维护和清洗，同时增加了隧道内的装饰效果，既经济又美观；用醒目色在两侧增加色带，对行车可以起到一定的警示及导向作用，中、短隧道内采光、通风一般较好，可视情况采用防火涂料涂装。隧道洞口"零开挖"施工图如图 2-21 所示。

（3）隧道综合节能技术研究与应用

公路隧道在节约土地方面具有与生俱来的优势，在用地紧张的地区，建设隧道可以很好地保护土地资源，减少拆迁；同时"早进洞、晚出洞"的隧道建设理念对于保护环境、提高安全均有益。当然，通风、照明和供配电系统使得公路隧道成为公路上的“耗电大户”，一方面需要开展技术创新、管理创新降低能耗；同时也要认识到，公路隧道一改公路翻山越岭的常态，极大地缩短了公路里程，由此带来的能耗降低无疑更是巨大。面对崇山峻岭，公路隧道在缩短行车里程，提高线形标准，增强运营安全，节省建设征地，保护山体植被等方面有很大优势，应大力发展。

图 2-21　隧道洞口“零开挖”施工图

江罗高速公路站在全局高度，以系统、全面的视角开展隧道综合节能技术的研究，从结构性节能、技术性节能和管理性节能三个方面开展了十余项节能技术的创新，涵盖土建结构、机电系统和运营管理，并在全线重点隧道进行试点应用，其必将改变公路隧道“能耗大户”的形象。

2.2.2　注重统筹设计

以推进模块发展化建设为方向，深入推广标准化设计，鼓励构件设计标准化和通用化。切实加强精细化设计，注重工程薄弱环节设计的协调统一，统筹考虑施工的可操作性和维护的便捷性。努力推行宽容设计，充分考虑工程使用状态的不利情形，对可能的风险做好防范设计。

江罗高速公路在公路隧道设计标准化上开展了大量工作。

(1)隧道建筑限界、内轮廓(图 2-22)断面设计标准化。

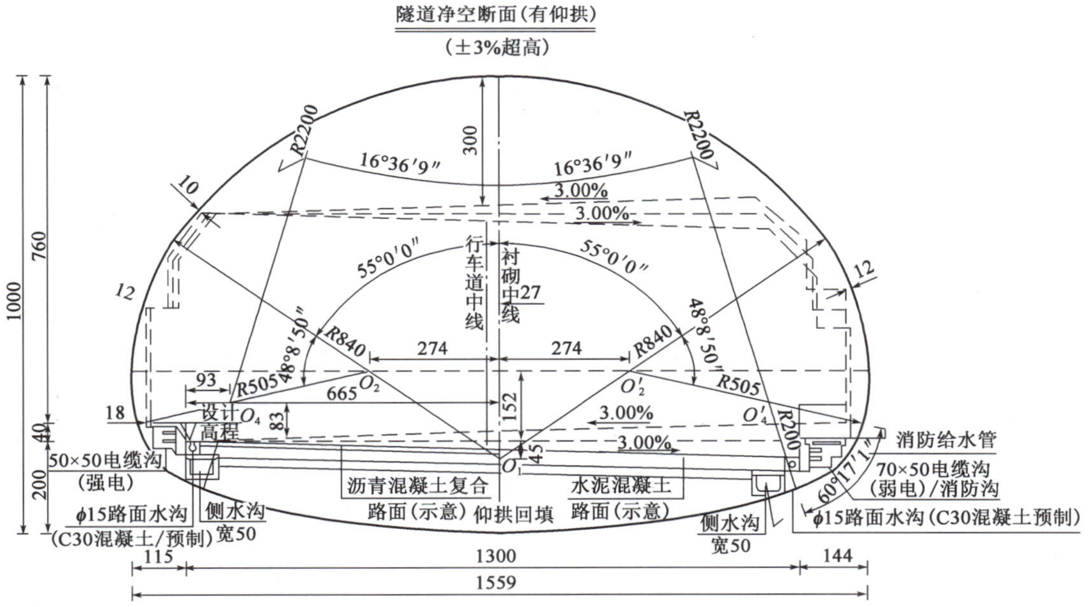

图 2-22　隧道建筑限界及内轮廓(尺寸单位:cm)

（2）隧道洞口及洞门（图2-23）形式设计标准化。对同一路段的削竹式洞门、端墙式洞门、翼墙式洞门以及明洞式洞门设计统一设计风格，各设计单位依据洞口地形地质条件及与自然景观相协调的原则，套用了洞门设计参考图。

图2-23　隧道洞门

（3）统一衬砌结构设计原则。全国不同地域的设计单位对于衬砌结构设计参数存在差异，应结合本地区实际情况和多年经验，对围岩亚级划分、衬砌类型划分、分离式隧道、小净距隧道、连拱隧道设计参数，以及横通道、斜竖井等局部构造等进行统一。

（4）防排水设计标准化。隧道防排水设计遵循"防、排、截、堵结合，因地制宜，综合治理"的原则，形成了完整的防排水体系。工程实践中，隧道防排水系统的实施效果并不好，造成后期渗漏水、防水、排水失效的情况比比皆是。为解决这一问题，首先需要在设计阶段解决防排水系统设置的合理性、材料的耐久性等问题。隧道的中心排水管、电缆沟槽的断面和尺寸应统一，排水管及盖板的结构设计应满足工厂化集中预制的要求。

（5）隧道预留、预埋设计标准化。预留洞室和预埋件在国内还没有统一的规格，对其规格的统一十分重要，例如：消防洞室、区域控制器和监控配电箱预留洞室、紧急电话预留洞室、隧道接地预留位置及间距等要求，以及各种桥架、挂架、接地等预埋件。

开展隧道设计标准化为施工标准化奠定了基础，为消隧道除质量通病、安全隐患提供了技术支撑。

2.2.3　倡导设计创作

从工程哲学的角度看，高速公路建设应寻求环境与发展的平衡、体现"以人为本"的需要、节约和保护自然资源、提高工程管理水平。江罗高速公路非常重视全线景观设计，将"环保"主线自始至终贯穿建设全过程，切实将"生态环保之路"的具体想法落地，赋予江罗高速公路更多的与生态、文化、环境相融合的内在品质，使其具有可以被感知的生命力。

严格落实环评方案，确保通车前各项方案及措施落地并符合要求；委托专业机构全过程开展水土保持、环境保护监测工作，及时、彻底处理过程中存在的问题；优化路线方案，最大限度地减少对环境和生态的影响；设计方案中结构物设置优先选择隧道、棚洞等环保型结构；隧道洞口开挖优先选择"零开挖"进洞方案；全力主张"绿色"洞门，专门开展了隧道洞口景观设计、洞内装饰设计等专项工作，因地制宜地实施景观工程，提高洞内行车舒适性，营造洞口自然景观。同时明确了各隧道洞口复绿方案和复绿时间，确保通车前恢复洞口良好生态。

2.3　工程管理信息化

近年来，信息化技术不断创新与发展，诸如无线通信、物联网、云计算、大数据、移动互联网、BIM等信息化技术手段如雨后春笋，大量涌现，正在不断变革和推动基础设施建设信息化技术的发展。具体到公路隧道，在技术层面利用GIS技术、物联网技术、云平台技术、BIM技术、移动互联网技术、数值和数字分析技术以及计算机技术,搭建基于大数据的公路隧道建管养一体化平台,实现在勘察、设计、施工、运营过程中海量数据的采集、存储和维护,实现日常管理、应急管理的信息化、透明化、及时化,及时评价、预测结构的力学状态、制定养护对策。

江罗高速公路在信息化建设与管理上也开展了有益的尝试和应用。

2.3.1　启用新的HCS公路项目建设管理系统

为加强公路建设管理,以问题为导向,开发信息化系统。积极践行"互联网+建设"理念,以问题为导向,精准发力重实效,推进"智慧工地"建设,形成"安全、质量、廉洁"三张"监管大网",在可视化、智能化、协同性三大性能的保障下,解决工程建设中数据真实性、信息分散、问题难追溯、隐蔽工程监管难等管理短板。

江罗高速公路采用了新软HCS系统,该系统涉及工程管理的各个部门,涵盖了业主、监理和承包人三方面的工作,及公路项目建设的招标投标、概算管理、合同管理、计量支付、计划进度、变更设计、质量管理和台账管理以及竣工文档管理等各项业务,为公路项目建设管理提供快速、准确、全面的管理信息,实现了业主、监理和承包人三方异地自动化办公,保证了工程质量、进度、投资各阶段计划的及时制定和有效实施。该系统所实现的异地远程办公、透明操作、公开监督,有效提高了工作效率和管理水平,避免了暗箱操作,增强了工程施工与管理的透明度。

2.3.2　隧道工程第三方监控量测与质量检测

江罗高速公路隧道按照新奥法理念进行设计及施工,新奥法的重要原则是通过对围岩和支护的动态观察、量测、反馈而进行施工管理和设计变更。江罗高速公路正是认识到监控量测工作的重要性,引入了第三方监控量测。同时,为加强对第三方的管理工作,制定了第三方监控量测管理办法。通过设立第三方监控量测机构,建立完整的隧道监控量测体系并完善预警和反馈机制。另外,由第三方对施工方的监控量测结果进行复核,当施工方监测结果和第三方监测结果出现偏差时,由监理进行验证,把监控量测的实施提高到一个更高的层面。通过实行第三方监控量测,在提高监测的精度和准确度的同时,将隧道施工过程风险降到最低点,同时又可以制约各方在监控过程中的数据失真,确保隧道监控量测的实施效果。

隧道施工中隐蔽项目较多,且由于工序的连续性,一旦出理质量问题,处理时将投入成倍的时间及经济成本,正是由于深刻地认识到这一点,才尽可能将问题发现及处理的关口前移,江罗高速公路借助第三方的专业技术力量在施工过程中进行质量检测,及时发现问题并予以解决。同时,江罗高速公路在引入第三方时,不完全将其视为一个独立的检测机构,而是切实将第三方纳入隧道施工管理,借助第三方的专业力量,提高项目的总体管理水平。

(1)参建各方职责

规定了业主单位、监理单位及施工单位的各方职责,做到责任明确;在业主单位内部详细规定了安质部和工程部各自的责任,避免管理交叉导致可能出现的监控盲点;同时要求施工单位负责为第三方监测单位提供必要的施工技术资料、施工计划及必要的工作条件;为避免隧道交叉作业时存在对测点保护不力的问题,明确施工单位有协助监测单位进行现场测点埋设和保护的责任。同时,要求监理开展独立抽检工作,以判断施工单位量测的规范性和数据的准确性;为对施工单位监控过程进行监管,要求现场监理旁站见证施工单位数据采集;同时为确保隧道监控工作的延续性,要求施工结束后要进行必要的跟踪监测,直至监测对象稳定为止。

(2)工作程序

为使第三方工作做到有据可依,规定了第三方监测方案报审流程和第三方监测工作总体流程;并详细规定了监控量测、质量检测及应急管理程序。在监控量测程序中,为满足隧道动态施工原则,要求第三方监测工作遵循总量不变、局部调整的原则统筹管理。同时,为确保该过程的严肃性,要求第三方将调整后的监测方案上报业主审查、审批。

针对质量检测工作发现问题后的处理环节,为提高其严肃性,要求业主安质部组织总监办及试验检测中心进行复核,如属实则进行整改,整改完成后进行复测;同时,为使施工单位在过程中切实加强质量控制,强调因施工质量引起的检测及整改费用由施工单位自行承担。

为应对隧道施工过程中的突发状况,建立了完善的应急管理程序。为避免在计量时出现相互推诿的问题,建立了需经业主和监理确认的"江罗高速公路隧道监控量测完成情况确认表"作为计量依据。

(3)信息管理及相关要求

为规范第三方监控行为,对第三方报告的形式、提交时间等进行了明确,并要求第三方根据现场记录进行数据分析,结合变形体和施工环境现状预测变形趋势,为判断变形体以及施工环境的安全提供依据。

(4)现场管理要求

规定了组织机构、人员数量、仪器等,保证现场投入满足要求。

(5)监控量测工程实践

案例一:在鸦髻岭隧道塌方段处理过程中,第三方监测发现初期支护开裂,推测有较大变形出现;同时,当天下沉量超过预警值,第三方立即向各方发出预警通知,推断隧道初期支护已承受较大应力,有二次塌方的可能性。后经专家及各方现场查看,认为该变形范围小,变形量大,发展时间短,通过现场会议,确认对塌方处初期支护进行加强,同时改变施工工序,有效地控制变形进一步发展、恶化而导致其他严重后果。

案例二:在2014年3月30日至31日,第三方在大石岭隧道左线罗定端监测过程中发现地表及洞内监测数据异常,LK129+365、LK129+370、LK129+375断面地表下沉数据出现明显偏大,最大日下沉值达到30mm,累积最大下沉值达到40.5mm;洞口边仰坡LK129+360排水沟附近出现6条较明显的裂缝。裂缝最长3.6m,最宽13mm。第三方就现场出现的问题通知各相关单位,并整理分析编制了纸质版简报。2014年4月1日,业主主持召开了现场处置紧急会议,重点分析了隧道变形异常及边仰坡开裂的原因,并明确了初步的处置意见,要求第三方监控量测单位分析施工单位监测数据,检验其准确性。同时对监测异常情况按照有关程序及时向业主、监理等相关单位报告,并提出合理化建议。会后第三方于当日落实会议要求:加强监控量测工作,并派专业人员长驻隧道现场;增加监控量测断面,特别是异常区域附近;调整监测频率,由现场专业人员分早、中、晚每天三次进行监控量测工作;对比施工单位监测数据,分析沉降及收敛值变化情况;及时向各方汇报监测成果,密切关注洞内外围岩及支护变化情况。

施工方停止开挖并采取了临时支撑及加固措施后,4月1日和4月2日第三方和施工单位联测后发现地表和洞内下沉量较3月31日明显变小,边仰坡裂缝几乎无发展。第三方将监测成果向业主和各有关方进行了汇报,业主收到汇报后,于4月2日召开了变形异常紧急情况处置第二次专题会议。对第一次会议的处置意见和现场各方的处置工作进行了肯定,并分析了第三方与施工单位监控量测数据,认为洞内变形已得到有效控制。同时要求各方继续加强监控量测工作,对洞内变形控制的处理措施进行了补充和完善。

通过对监测数据的及时有效反馈,变形得到及时控制和有效处置,避免了更大的损失及可能发生的更严重后果。

(6)质量检测工程实践

案例一:大石岭隧道左洞出口段由于前期地表和洞内沉降量大,造成初期支护侵入二次衬砌轮廓线,第三方进行了检测,发现问题后及时汇报,业主组织各方对该初期支护侵限段进行复测,确认属实后召开了专项处治会议,会议研究确定了具体处置方案,并要求施工单位先处置侵限问题后,再施工二次衬砌,一定程度上避免更大的损失。

案例二:对王北凹隧道进口左右线初期支护强度进行检测,进行轴心抗压强度试验评定初期支护混凝土强度。在检测中发现进口端右线喷射混凝土强度不满足规范及设计要求,后经过施工单位改进喷射混凝土施工工艺,在后续检查中初期支护喷射混凝土强度均能满足规范要求,确保了施工质量。

第三方监控量测及质量检测管理办法的制定相较于省内外其他高速公路建设项目更加明确、细致、操作性强,保证了隧道的施工质量和安全。

2.3.3　隧道施工现场视频监控信息系统

公路隧道现场监控系统由两部分组成,分别是安装在施工现场的视频采集装置和设置在室内的监控管理平台。该系统不仅可以使监控点的实时图像在室内液晶拼接屏上显示,而且任意一台计算机接入互联网后都能通过 IE 浏览器登录监控管理平台,查看前端监控的实时图像、录像数据和 GPS 定位信息,并可分优先级遥控前端摄像机。该系统可以实现 24h 不间断录像,并利用流媒体服务器和存储服务器实现日志管理,完成关键条件的组合查询功能。现场监控系统界面如图 2-24 所示。

图 2-24　隧道视频监控

通过现场监控系统,在室内计算机上即可全方位地监管全线生产施工,包括施工组织安排情况,施工、监理等现场人员的到岗情况,安全生产措施的执行情况,施工工艺规范化、标准化的执行情况等。打开现场监控系统,就仿佛开启了一双“千里眼”,轻点任何一个隧道监控点,其施工现场情况就可尽收眼底,实现了“计算机一开,工程了然”的目标。

2.3.4　隧道施工人员安保系统

隧道施工风险较高,有必要建立高效的隧道施工人员管理体系,实时监控隧道作业人员的工作情况，制订高效的事故应急救援方案，以保障隧道施工有序开展，降低事故发生时人员伤害和财产损失。

公路隧道安保系统是一种新型的隧道施工人员定位与安全管理系统，由信息采集与信息处理两部分组成。其中信息采集功能由人员识别卡、人员定位基站完成，信息处理功能主要由设置在室内的隧道安保信息管理平台完成。隧道安保系统的结构示意图如图 2-25 所示。

该系统采用无线方式进行信息传输，节省了布线成本，功耗低，抗干扰能力强。如果遇到停电，基站可以利用其自带的电池工作 8h。同时，基站识别的距离远，识别卡无须靠近基站，识别距离为 5～100m，漏检率极低。

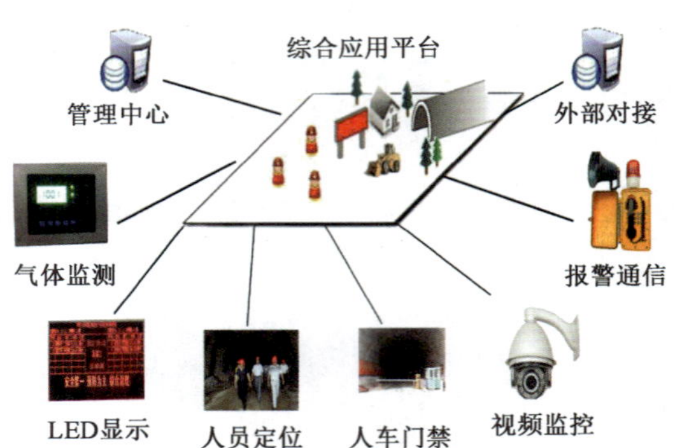

图 2-25　隧道安保系统结构示意图

高速公路隧道安保系统的主要功能包括：

（1）人员定位

在隧道内每隔 50m 安装一座定位基站，当携带识别卡的施工人员进入基站检测范围时，基站可将相关人员的身份信息读出并传回管理中心。定位信息经过加工、处理后生成人员分布图和人员分布表，从而使管理中心能直观地了解隧道内人员的分布情况，如图 2-26 所示。

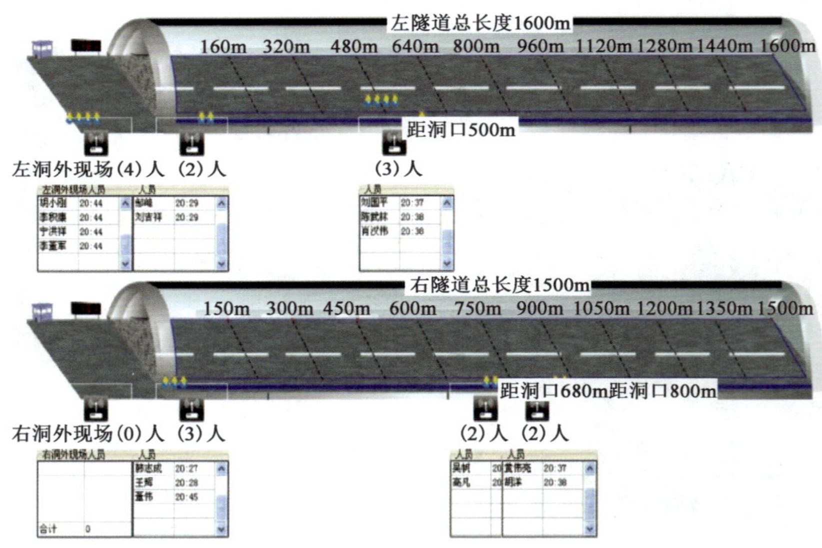

图 2-26　隧道内人员分布监控示意图

（2）路径追踪

隧道安保系统通过获取位置信息，可以跟踪工作人员在隧道内的运动轨迹，记录他们经过的检测点和停留时间。利用此项功能，管理中心可远程对隧道内的工作人员进行监督和指挥调度，促进安全生产。

（3）考勤统计

系统具有很强的考勤能力，人员无须排队靠近基站，50 人同时快速进入隧道也能正确考勤,系统自动统计生成日考勤表、月考勤表等,为安全生产提供考勤管理基础信息。系统具有长期保存数据的能力,将相关信息存入数据库,随时可以查询考勤、定位等历史记录。

(4)事故报警

系统配备的人员定位卡具有报警功能,当遇到险情时,可以直接按动报警按钮,向管理中心发出报警信息,从而为指挥部提供紧急救援、调度指挥的依据。人员定位卡充电一次可以工作5个月。

利用隧道安保系统的人员定位功能,当发生隧道施工灾害时,能准确了解被掩埋或被困人员的身份、位置、人数等信息,从而大大提高抢险效率。人员定位功能还能督促和掌握重要巡查人员是否按时进行实地查看,或进行各项检测和处理。此外,如果有非授权人员进入隧道施工指定的禁区,系统会实时声音报警,并显示进入禁区的人数及身份,从而有效减少由于人为因素造成的质量、安全事故。

2.4　江罗品质工程软实力建设

交通运输部发布的《关于打造公路水运品质工程的指导意见》在建设品质工程主要措施中提到了"提升打造品质工程的软实力",特别提到以下四个方面的主要举措。

(1)加强管理人员素质建设

从业单位加强人才培养制度建设,强化管理人员的岗位考核和继续教育,创新人才激励与保障机制,着力培养和锻炼一支具备现代工程管理能力、专业技能、良好职业道德的工程管理骨干队伍。

(2)提升一线工人队伍素质

从业单位应落实培训主体责任,按规定严格实行"上岗必考、合格方用"的培训考核制度。开展职业技能竞赛,建立优秀技工激励机制,推行师徒制模式,鼓励企业建立稳定的技术工人队伍。保障员工合法权益,注重人文关怀,提供体面工作的基本条件。

(3)培育品质工程文化

积极培育以提升质量、保障安全为核心,以人为本、精益求精、全心投入为主要特征的品质工程文化。大力弘扬工匠精神,广泛宣传、积极推动全员参与品质工程创建活动,形成人人关心品质、人人创造品质、人人分享品质的浓郁的文化氛围。

(4)实施品牌战略

将品质工程作为工程项目和企业创建品牌的重要载体,引导企业把品质工程作为自身信誉和荣誉的价值追求。通过打造品质工程,提升中国交通和企业品牌形象,增强企业核心竞争力。

其中,分包的科学性与规范化是建设市场的短板,长期以来困扰高速公路建设管理质量、安全、进度等管理水平的提升,班组管理更是施工企业管理与现场生产的薄弱环节,是打造品质工程的瓶颈。具体而言,推行班组规范化管理的缘由如下:

①施工现场不规范问题。

②生产班组施工水平参差不齐问题。

③工人无法全面熟知技术规范问题。

④农民工向产业工人转变问题。

⑤施工企业软肋"以包代管"问题。

江罗高速公路大力推动施工企业强化班组能力建设，推进农民工向产业工人转变。

2.4.1 施工班组规范化管理

(1)落实班组“首件认可制”

班组施工作业水平决定质量与安全的品质，要求班组进行首件生产，从安全操作、工艺技能操作等方面评判，不合格则重新制造首件。通过开展分项工程首件验收制，明确质量技术标准，规范班组的施工习惯，确保各环节的施工质量稳定。使全线广大施工班组和一线管理人员的认识得到统一和提升，使干的人明白要求，管的人明白要点，每一次首件工程验收都可看作是一次形象生动的现场交底。

(2)创建“零事故”班组

江罗高速公路开展“业主主导、标段组织、班组落实”模式的“零事故班组”创建活动，制订了“零事故班组”活动达标评比奖励方案，每年评选20个示范班组和10名优秀班组长，不断提高施工班组安全管理水平、一线员工安全素质和自我保护能力，充分调动一线员工参与和监督安全管理的积极性，推动江罗项目安全生产管理“上水平、上台阶”，有效防范安全生产事故。此外，江罗高速公路督促“零事故班组”建设深化试点单位，充分把握“自媒体”时代的通信优势——几乎人人有一部智能手机，利用移动通信终端，创建了“零事故班组”活动微信群。群员通过这个平台，对安全生产提建设、为生产安全行为点赞、曝光违章行为，管理员还通过这个平台发出安全指令等，大大加强了沟通、营造了安全文化。

(3)班组施工作业标准化宣贯

江罗高速公路每年组织全线参建单位开展2次双标管理宣贯会，阶段性地总结双标管理工作得失，江罗分公司、各总监办、试验检测中心认真制作宣贯材料，对常见的工程质量问题、质量通病、试验检测工作的要求以及一些工程亮点以图文并茂的形式进行介绍，分析讲解管理要点和控制措施，并对下阶段的双标管理工作提出意见和要求。

各总监办根据工程进展情况，分阶段对施工单位进行双标管理宣贯；施工单位对内部员工和施工班组分阶段进行双标管理宣贯，并完善各项施工技术交底。通过这种多层次全方位的宣贯，并进行书面和现场提问等考核，使得双标管理理念深入人心，减轻了施工标准化推行阻力。

施工单位就班组施工专门编写了《隧道工程施工作业要点示范卡片》，指导施工人员每一道工序的要点，包括准备工作、工序、作业要点、质量验收、监控量测等，设计几乎所有隧道施工作业，包括：洞口开挖、洞门施工、洞身开挖全断面法、爆破钻孔、爆破装药、爆破起爆、台阶法、三台阶七步开挖法、三台阶七步开挖临时仰拱法、CD(中隔壁)法、CRD(交叉中隔壁)法、双侧壁导坑法、装渣出渣、监控量测、爆破器材管理、喷射混凝土、喷射混凝土拌制、喷射混凝土喷射、中空注浆锚杆、砂浆锚杆、钢筋网制作、钢筋网安装、型钢钢架、格栅钢架、管棚、管棚钻孔、管棚安装、管棚注浆施工、超前小导管、超前预注浆、衬砌工程、衬砌模板台车、衬砌混凝土拌制、衬砌混凝土捣固、衬砌钢筋加工、衬砌钢筋安装、防排水、防水板等。

(4)推广施工质量控制“亮点”经验

结合日常施工中涌现的亮点，如钢拱架加工、初期支护质量控制、仰拱整体式模板浇筑、衬砌施工缝保护等及时组织召开现场经验推广会，要求各标段管理人员和班组长参加，通过现场看、做者讲、实操演示，将好的施工经验传授给各标段、业主和总监办发文推广。

(5)奖惩结合,有进有退

在历次检查和巡查中共处理质量隐患3000余处;对混凝土强度不足、保护层厚度合格率低于60%、实体外观质量差、结构尺寸不合格等达不到设计和规范要求的工程坚决推倒返工,全线累计返工483处。通过质量管理的高压态势,使违规施工的班组无法生存,将存在质量缺陷的实体工程消灭。

2.4.2 培养产业工匠

江罗高速公路对班组工人实行"鼓励创新、正向激励、人文关怀"三结合管理,并倡导"工艺微改进、设备微改造、工法微改良"的"三微改",推动农民工向产业工人转变。

(1)鼓励创新,倡导"三微改"

以解决现场施工具体问题为导向,激励引导工人进行"微创新",形成了水压光面爆破、二氧化碳焊接技术等工艺微改进12项,隧道二次衬砌堵头模板等设备微改造8项,双侧壁导坑施工工法优化、二次衬砌仰拱钢筋定位架等工法微改良21项。

(2)正向激励,培养"标杆"班组

由于一线工人普遍文化素质偏低,业务能力和专业素质参差不齐,且对工作缺乏主动性。江罗高速公路开展"双标管理",评选"标杆工程",每一个标杆工程确定一个"标杆"班组,只有优秀的工人才能筑就优质的工程,江罗高速公路将班组建设的理念推广到监理和施工单位。加强工人的日常教育和培训,特别是分项工程的技术交底以及施工过程中的技术指导,重视班组长的培养,组织班组长到优秀标段学习取经,各施工标段制定详细的质量奖励办法,江罗高速公路监督标杆工程奖金发放情况,确保奖金发到一线班组手里。充分调动广大一线施工人员的工作积极性,通过一线施工班组的建设,为江罗项目夯实了质量管理基础。

(3)人文关怀,共建家园文化

建立工人分级培训体系,开设工友学堂,组织班组作业标准化管理教育与巡回交流,分级分类开展职业技能培训,提升工人专业技能。深入开展职工之家建设,改善工人住宿环境,举办工地集体婚礼、职工集体生日与联合运动会、趣味运动会、节日联欢晚会等活动,为工人开展"平安返乡返岗、送火车订票服务"活动,营造项目建设家园文化。

2.4.3 二次衬砌端头模板的创新及应用

"二次衬砌端头模板的创新及应用"是打造品质工程软实力、培养班组施工作业规范化,鼓励产业工人"三微创"所获得的成果范例。针对目前施工中二次衬砌端头止水带绝大多数安装无法达到设计要求,尺寸及位置不能准确定位,甚至多数出现破损的情况,一线施工班组进行大胆创新,对隧道二次衬砌端头模板进行优化设计,以便能精确定位止水位置及尺寸,确保止水带在施工过程中不折叠、不破损,以达到设计要求,二次衬砌端头模板创新工艺在王北凹隧道中取得良好效果。

(1)工艺原理

改变传统端头模板由一整块模板组成,而将端头模板设计为内外两部分组成,外侧(靠台车侧)采用钢模,内侧(靠围岩侧)采用木模,在钢模及木模中间设置止水带安装位置。内侧采用木模主要考虑围岩面喷射混凝土不平,木模调整灵活的原因;同时考虑二次衬砌厚度不同的问题,为节约成本，外侧钢模宽度统一采用20cm，为方便工人安装，长度采用100cm每块，其弧度按台车模板弧度加工，内侧木模组合采用5cm厚木模板与8cm×8cm方木，木模宽度根据二次衬砌厚度不同灵活调整。整个端头模板固定装置采用12槽钢与50钢管组合，其槽钢翼缘板利用螺母固定在台车端头（台车加工时可要求厂家按30cm间距预留螺母孔）。端头模板安装立面图及实际效果图如图2-27和图2-28所示。

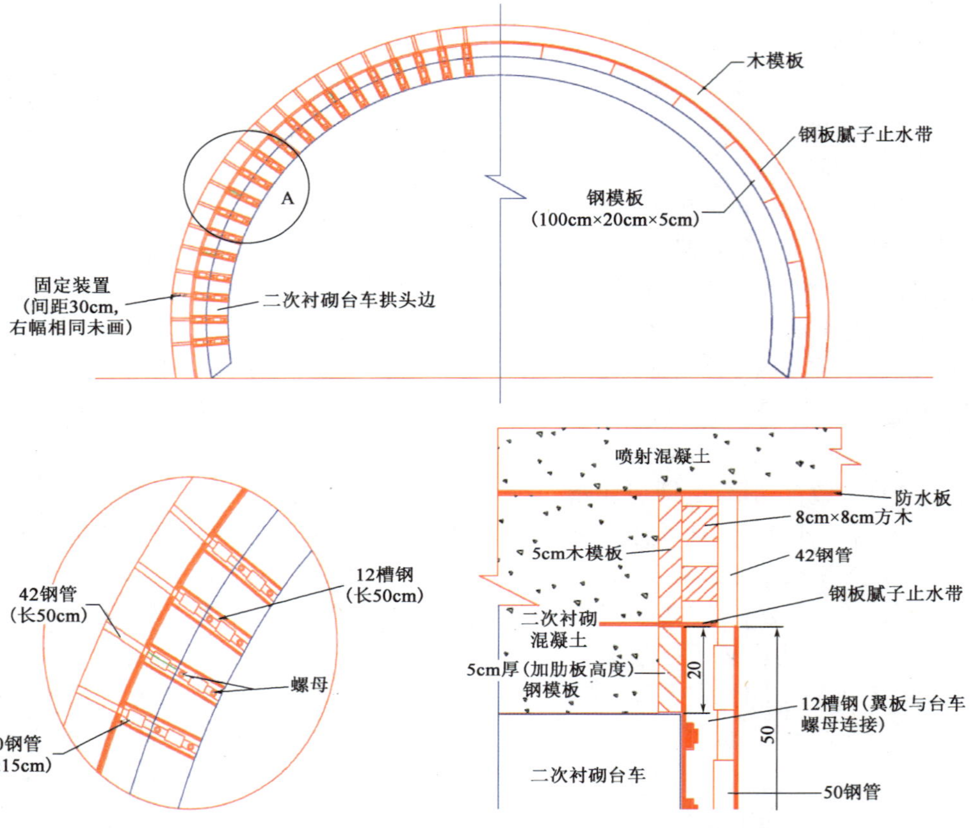

木模板
钢板腻子止水带
A
钢模板
(100cm×20cm×5cm)
固定装置
(间距30cm,
右幅相同未画)
二次衬砌台车拱头边

42钢管
(长50cm)
12槽钢
(长50cm)
螺母
50钢管
(长15cm)

a)固定装置大样图

喷射混凝土
防水板
8cm×8cm方木
5cm木模板
42钢管
钢板腻子止水带
二次衬砌
混凝土
5cm厚(加肋板高度)
钢模板
20
12槽钢(翼板与台车
螺母连接)
50
二次衬砌台车
50钢管

b)端头模剖面图

图2-27　端头模板安装立面图(尺寸单位:cm)

图2-28　端头模装置实际效果图

（2）工艺特点

①可使止水环向位置一致、准确，误差不超过5mm；预留尺寸环向每处一致，误差不超过3mm，预留止水带完全居中。

②有效提高了端头混凝土的施工质量，浇筑过程中不易跑模，端头混凝土不易出现蜂窝、麻面、空洞等质量通病。

③安装简易，有效减少人工的投入，节省了施工成本。

④模板利用率大为提升，高效节能。

(3)操作要点

外侧钢模加固操作要点:

①外侧钢模加工时,由于各级围岩的二次衬砌支护厚度不同,为保证外侧钢模的重复利用,钢模宽度不宜大于20cm,同时为保证足够的安装空间,宽度也不应太小,现场试验证明,宽度为20cm最为合理。

②外侧钢模加工时,为保证工人安装简便,每节模板长度不宜过大,以1m最为合适。

③外侧钢模加工时,其内外弧度应与台车端头模板弧度相同(内侧弧度等于设计图纸二次衬砌内侧弧度),加工完成后,应在台车上进行试拼装,确保钢模与台车模板紧密贴合,不贴合部位应进行调整。

内侧木模板操作要点:

①内侧木模板在安装时,应注意模板与模板及模板与围岩面之间的接缝严密。

②在第一次安装完成后,可对每块木模板进行编号,以方便下次安装。

(4)社会经济效益分析

使用该工艺的二次衬砌端头模板施工,有效保证了隧道二次衬砌环向止水带的安装质量,使设计的止水带真正发挥设计作用,对隧道防水工程起到了至关重要的意义,并有效提高了端头混凝土的施工质量。同时安装简单,有效减少了人工的投入,节约了施工成本,取得了较好的经济效益。

①模板利用率:传统的端头模板极易损耗,周转两次以上基本作废,必须重新采用新模板,而优化后的模板采用刚模及木模组合,可反复多次利用,基本无损耗,优化后的端头模板经济性显著提高。

②人工方面:传统模板安装不易,由于采用木模接缝不严密,导致安装过程中要反复调整,常规传统端头模板安装需要工人6人,工日1天;而采用优化后的端头模安装只需工人2人,工日0.3天,效率大为提高。

③质量方面:传统端头模板易产生止水带预留尺寸不准、止水带环向位置不统一、止水带预留深度宽窄不一、止水带破损断裂及端头混凝土易出现麻面蜂窝等质量通病,而采用优化后的端头模板,可基本消除以上质量通病。

第3章 工程质量管理

3.1 质量工作概况

3.1.1 质量管理目标

江罗高速公路质量管理目标:实体工程各项指标达到《广东省高速公路优质工程质量管理规定(试行)》的要求,创广东省优质工程,争创鲁班奖。

现场施工文明、规范,符合双标管理(标杆、标准化)要求,路面“零污染”施工;路基宽度、分层压实厚度、压实度合格率达到100%;沥青路面压实度、弯沉、车辙、抗滑(构造深度)合格率达到100%;混凝土强度合格率达到100%;钢筋骨架半成品几何尺寸合格率达到95%以上;钢筋接头合格率100%;钢筋保护层厚度合格率90%以上(低于60%的分项工程返工处理);钢筋间距合格率95%以上;钢拱架间距合格率90%以上;其余质量合格率指标在90%以上,分项工程合格率100%。

3.1.2 质量控制难点

全线隧道共10座,特长隧道2座,工程地质状况较差,存在浅埋偏压、洞口冲沟、软弱破碎带(断层带)、围岩裂隙水发育,以及局部穿越岩溶等众多不利地质因素,这无疑对隧道建设的质量控制形成重大威胁。

调研发现,隧道施工企业承揽的工程项目很多,面临工程技术人员缺乏的问题,很多没有多年隧道施工实践经验的人员匆匆走上隧道技术岗位,存在经验不足的问题,而且隧道施工企业也基本没有配置工程地质技术人员。

庞大的建设规模需要大量合格的隧道监理工程师,但目前隧道施工监理人员流动性大,人员不稳定,有些隧道监理人员对隧道工程缺乏深入了解和认识;有些监理人员不适应隧道艰苦的工作条件。隧道工程隐蔽性工程很多,而且24小时作业,工程一旦隐蔽可能埋下安全质量隐患,因此对旁站监理提出了很高的要求。调研发现,隧道驻地监理工程师的威信和工程质量否决权在下降。

设计单位从事隧道工后服务的人员大多刚走上工作岗位,经验欠缺,对隧道动态设计的重要性认识不足,对隧道现场出现的新问题、新情况被动处理,有些项目设计交底工作深度不够。隧道工程地质复杂性常常使之难以应对。调研发现,我国公路隧道存在设计周期短,地质勘查工作较薄弱,围岩变更频繁问题。有些隧道的洞口、洞门设计模式化,缺乏对具体项目的分析。因此,业主应关注设计代表处理现场实际问题、解决现场实际问题的能力。

面对复杂的隧道管理对象和众多的参与单位(如施工、监理、咨询、第三方检测等),建设管理单位的协调管理能力和决策能力十分重要。面对隧道建设工程中经常出现的围岩变更问题等,建设管理单位应形成良好的工作机制和管理程序。隧道监理工程师是为业主服务的,建设管理单位应着力提高监理人员的素质、责任心和积极性,关心爱护那些爱岗敬业、负责任的监理。

总之,隧道工程是一个复杂的、动态的建设过程,影响隧道施工质量的因素众多,但良好的施工质量始终应从人的因素着手,着力提高施工人员素质,加强技术培训,同时明确参建各方的权责力,使之相互促进、相互制约。

3.1.3 管理思路

质量是工程的生命。江罗高速始终将质量工作作为头等大事来抓,坚持预防为主的原则,执行标准、严格检查、数据为凭,把质量问题消灭在萌芽状态。项目业主在筹建阶段就建立了完善且实施性强的质量管理制度;在实施阶段,管好监理、依靠监理,落实人本化、标准化、精细化、专业化和信息化管理,严把原材料关,落实对施工过程质量监管,开展检查评比,奖优罚劣,通过采取一系列有效措施确保管理制度的执行不打折扣,从而提升管理成效。在分项工程施工完成阶段,开展系统性的试验检测,落实验收制度。通过事前、事中、事后控制,确保全线工程质量保持稳定且处于较高水平。

3.1.4 工作成效

通过落实“双标”管理、开展质量安全综合大检查和专项整治、推行首件工程验收制、调动和支持监理工作、加强原材料质量控制、树立标杆和推广先进经验、深入“双优”评比活动、推行质量班组建设、严格执行奖惩等手段,各项工程实体指标稳中有升,工地文明施工形象明显改善,全线安全质量情况总体可控,开工至今未发生质量责任事故。

(1)全线10座隧道,全长(单洞)22.4km,初期支护钢拱架数量满足设计数量,防水板、止水带等安装到位、二次衬砌混凝土强度、平整度全部合格。

(2)严格监控仰拱、二次衬砌与掌子面距离,推行锚杆、拱架等隐蔽工程验收拍照制度,引进第三方监控对隧道实行质量监控。

(3)全线隧道洞口全部实行门禁系统、特长隧道安装视频监控系统,通风照明、逃生管道设置等安全设施符合标准化要求。

全线隧道自开工以来未发生较大的坍塌、突泥等事故。

开工至今,江罗高速公路共接受了全省范围内的质量综合检查6次,省级例行检查7次,各项实体质量指标优异,考核评比成绩优良。如在2014年12月省质监站例行检查中,全线共开挖检查层厚51层,全部合格,层厚合格率100%;混凝土强度共检查43处,合格率100%,钢筋保护层共检测500个点,平均合格率96%。2014年全省23个在建高速公路质量评比中排名第四,2015年全省在建高速公路质量评比中位于优良等级前列。在江罗一期交工检测中各项质量指标优异,主要的45个指标中,有33个合格率达到100%,其余10个也达到95%以上,各项控制指标均符合设计和评定标准要求。

3.2 隧道建设质量管理制度体系

3.2.1 健全工程质量责任体系

江罗高速公路从项目开工伊始，建立业主、监理、施工、第三方多层次、全方位的质量责任体系。全面推行“施工自检、专业监理、业主监督”的三级质量保证体系。

江罗分公司总经理牵头亲自抓质量，明确各个岗位的质量管理职责，全面实施“一岗双责”；各总监办全面负责施工全过程的质量管理工作；设置独立的监理试验检测中心，通过严格的质量检测手段，对各个施工环节实行全方位的质量检测，并确保抽检频率满足规范要求，凭数据反映质量的真实情况；聘请具有专业资质的第三方单位，开展隧道、高边坡、软基质量检测；严把参建单位资质审核关，江罗高速公路进场参建单位80%以上具有广东省交通运输厅信用评价最高等级的AA资质。

3.2.2 建立工程质量章程制度

江罗高速公路从项目开工伊始，就制定了一系列管理制度（图3-1）、文件等，包括：《项目工作大纲》《江罗分公司管理手册》《江罗分公司业主代表日常管理手册》《江罗高速工程建设标准化管理手册》（共三分册）；安全质量部在此基础上又补充制定了：《江罗高速试验检测管理办法》《江罗高速首件验收管理办法》《江罗高速监理管理办法》《江罗高速施工单位自购原材料质量管理办法》《江罗高速质量问题及质量事故处理程序》及隐蔽性旁站验收制度、关键工序验收制度等一系列规章制度。

通过完善和细化各项质量管理制度，使得质量管理有章可循，有“办法”可依。

图3-1　工程质量章程制度

3.3 质量风险预防管理

3.3.1 加强履约管理，落实专业技术人员到岗

隧道施工专业性强，且现场地质情况随时都在变化，需要具体问题具体分析，采用合理的开挖防护和施工工艺确保施工安全。江罗高速公路首先从专业人员履约入手，开展专项检查，要求各施工标段按照合同约定配备足够数量的地质工程和隧道工程师。同时要求监理单位按照合同要求选派专业过硬、责任心强的监理员，经过多方认可方可上岗。通过一系列强有力的手段，江罗高速公路隧道施工现场具有一批会施工、懂地质的专业技术管理人员。通过对人的管理，充分利用专业人才，从技术层面保证施工质量和安全，提高施工管理的成效。

3.3.2 引入第三方监测，为隧道施工质量及安全多系一道保险绳

江罗高速公路引入了有专业资质的第三方监测和检测单位(图 3-2)。独立开展隧道施工监控量测工作，及时有效地将隧道施工现场的监测数据反映给参建各单位，与施工单位的监测成果相互印证，避免了人为因素造成的监测数据不真实、预警不及时等以往项目建设中的弊病，同时也是对施工标段监控量测工作的监督。对提高隧道动态设计和信息化施工有重要意义。

a)隧道监测

b)锚杆无损检测

c)隧道二次衬砌背后脱空检测

图 3-2　第三方检测现场

江罗高速公路在监理试验检测中心的基础上引入第三方隧道检测单位独立开展工作，并

及时跟进复检闭合，消除了隧道施工质量安全隐患。例如面对隧道系统锚杆数量不足的问题，江罗高速公路充分发挥第三方专业检测单位的职能，开展隧道锚杆无损检测，采取不事先通知、随机抽取检测部位、破检等方式，有效遏制了锚杆施工中的锚杆数量不足、锚杆注浆不密实、锚杆长度不够、打设角度不正、安装部位偏差、无锚垫板螺母等隧道施工偷工减料的质量问题。

3.3.3 统一供应材料，加强材料质量管理

江罗高速公路采取各种有效措施做好统一供应材料管理，并通过招标以及规范的管理，大大节省了造价。

(1)引入专业管理公司进行专业化管理

江罗高速公路采用大部分工程主材由业主统一供应，委托专业材料管理公司——广东南粤物流股份有限公司具体管理的模式进行管理。双方签订了《材料供应委托管理合同》，公司授权管理公司作为材料采购供应管理的专业公司，参与本项目工程材料的采购招标活动，并负责组织上述材料供应、结算材料款等全过程的管理工作。利用材料专业管理公司在管理、仓储、配送等方面的能力，保证在市场材料供应紧张的情况下，确保项目材料按时、保质、保量供应，避免因材料供应问题影响项目的开展。

(2)完善材料管理制度，规范材料管理

为加强材料管理，江罗高速公路与管理公司共同制定了《材料供应管理办法》《沥青(含改性沥青)采购供应质量管理办法》。在通过招标确定材料供应单位后，与各单位签订了详细的材料购销合同，合同全面考虑了材料供应过程中可能会出现的各种问题，且针对这些问题引入了预防机制和应急措施。同时，由律师出具专业意见，力争签订的合同合法、合理、有序、可操作性强。

(3)严格材料质量管理，做好质量监控工作

江罗高速公路要求管理公司严格按照《材料供应管理办法》《沥青(含改性沥青)采购供应质量管理办法》进行质量审核，同时在材料质量的审核上赋予施工单位相应的权力。供应商在供应材料时，随货应当出具所有的检验证明及出厂证明等一切相关手续。在材料进场没有任何证明材料的前提下，施工单位有权拒绝接收。在材料进场后的保管上，江罗高速公路也制订了严格的措施，保证工程所用材料完全合格。

(4)保障材料及时供应，推动工程建设顺利进行

江罗高速公路和管理公司采取各种措施保障材料的及时供应。首先要求标段加强材料计划的申报工作，做好材料供应的计划、组织工作；其次做好对供应商的控制监督工作，对部分供应商在供应上主动性不强，供应不及时的问题，江罗高速公路和管理公司一方面按合同规定进行处理，另一方面加强与供应商的协调与沟通。江罗高速公路和管理公司建立了多方协调制度，在每月召集各单位协调沟通，以协调会的形式圆满地解决了供应过程中遇到的问题。

3.4 质量控制管理

3.4.1 落实“双标管理”，控制过程质量

(1)江罗高速公路每年组织全线参建单位开展2次双标管理宣贯会，阶段性的总结双标

管理工作得失，江罗分公司、各总监办、试验检测中心认真制作宣贯材料，对常见的工程质量问题、质量通病、试验检测工作的要求以及一些工程亮点以图文并茂的形式进行介绍，分析讲解管理要点和控制措施，并对下阶段的双标管理工作提出意见和要求。

（2）各总监办根据工程进展情况，分阶段对施工单位进行双标管理宣贯（图3-3）。

（3）施工单位对内部员工和施工班组分阶段进行双标管理宣贯，并完善各项施工技术交底。通过这种多层次全方位的宣贯，并进行书面和现场提问等考核，使得双标管理理念深入人心，减轻了施工标准化推行阻力。

a)

b)

图3-3 全线标准化施工宣贯会

（4）取长补短，开展对标管理。根据相关文件指导精神，制定了具体的质量对标实施办法。放眼省内其他项目，主要质量管理人员“走出去”，对揭博高速公路、广乐高速公路、二广高速公路、包茂高速公路、港珠澳大桥侧接线等建设单位进行参观和交流，学习并推广好的质量管理经验。

（5）把好开头关，落实首件验收制。万事开头难，一个良好的开端意味着成功了一半。通过开展分项工程首件验收制，明确质量技术标准，规范班组的施工习惯，确保各环节的施工质量稳定。充分调动总监办的力量，以监理单位组织，业主参加检查的形式，严格按照标准化和首件验收管理办法的要求，分部分项工程经实体和内业验收通过后方能大规模施工。目前全线组织各类分部工程首件验收360余次。通过首件工程验收制的推行，使全线广大施工班组和一线管理人员的认识得到统一和提升，干的人明白要求，管的人明白要点，每一次首件工程验收都可看作是一次形象生动的现场交底。

（6）采取有效措施，促管理制度落地。再完美的制度，如果没有落实，就是一纸空文。江罗高速公路不断探索和尝试有效的方法，要求所有管理必须留有可以倒查的痕迹，将责任落实到人，江罗分公司安质部和总监办负责日常监管，并制订处罚措施，促进各项管理制度的落地。如针对隐蔽性工程现场监管不到位经常会出现偷工减料等问题，江罗项目建立了隐蔽性工程旁站验收制度，要求隐蔽性工程工程施工现场监理人员必须旁站验收，并留取相应规格的影像资料。江罗高速公路开展现场巡查和不定期内业资料抽查，对不认真执行的单位和个人，按照合同条款严肃处理。

3.4.2 “双优”活动奖优质，助推全线提质量

根据广东省“双优”(优质优价、优监优酬)管理办法,制定了江罗项目“双优”考核评比办法,并结合江罗高速公路特色修改完善检查评分表。将现场分部分项工程施工规范程度和质量指标量化,江罗分公司联合总监办坚持每月开展全线质量综合大检查。江罗高速公路主线长144.5km,便道长700余公里,高峰期工点多达上千个,检查组每月做到全覆盖检查,按照评比办法分组开展检查(如内业组、隧道组、路基组、桥涵组、试验检测组等),对照考核评分表,用仪器、工具实测,拿数据说话,检查结束后,立即召开“通气会”,将检查情况及时反馈给受检单位,然后逐条、逐项打分,总监办印发检查通报,督促施工单位整改闭合,并进行复查。

江罗高速公路根据“双优”评比办法,每季度对达到优秀的施工和监理单位进行奖励,发放“双优”奖金。极大地激励了各施工和监理单位的质量管理热情,促进了质量管理的标准化和精细化,全线形成了良好的质量管理氛围。

3.4.3 “严”字当头重执行，质量隐患零容忍

隧道工程质量管理“严”字当头,对隧道施工质量隐患“零容忍”,对于施工过程中出现的质量问题和隐患,不是简单处罚和整改,而是对出现的质量问题进行全面分析,要求该单位倒查内部质量保证体系运转情况,追查相关管理人员是否尽责,从管理的各个环节找漏洞和缺陷,如质量管理制度不完善、现场技术不负责、现场监理员不作为、对班组缺乏管理等问题被逐一找出,要求各单位对症下药,制订管理措施。这样既提高了各参建单位的管理水平,又保证了工程实体质量,避免了同一类问题反复出现。

如面对12标三岔顶隧道施工超前支护和锚杆施工严重不规范的问题,不是简单的按合同罚款处罚和要求补打,而是要求其停工整顿,项目部主要管理人员反思质量保证体系存在的问题,通过分析,发现该项目部缺乏对内部人员和一线班组的管理,于是该标段制定了项目部内部质量管理办法,落实内部施工各环节的验收制和责任制,明确奖惩措施,通过管理制度的落实,隧道施工更加规范。

为了规范对违规施工的处罚,同时保证处罚的严肃性,业主印制了四联处罚通知单(每张单上都有编号),明确不同级别管理人员的处罚额度、处罚单填写及处罚依据等内容。业主代表、质量管理员和监理人员人手一本,罚单一经开出,包括业主在内的任何管理层级都无法更改,确保了罚单效力。

3.4.4 监理管理重协同，各司其职增合力

对监理的管理,项目业主非常明确:项目业主支持监理的日常管理,但不能代替监理的管理,要各尽其责、互相协调,形成管理合力。为调动监理人员的积极性,落实监理的管理职能,江罗高速公路建立完善的监理管理制度和对优秀监理人员的考核奖励机制,严肃监理的管理纪律,支持监理的管理措施,规范监理的管理程序,对优秀监理人员进行精神和物质奖励。

(1)强化监理日常监管力度。推行监理巡视制度,每月由总监带队,至少巡视三次;总

监办在双休日等节假日时间，加大巡视力度，熟悉现场质量管理情况；监理充分利用管理手段，如罚款、返工、停工、通报等，总监办在月度工地例会时一并通报本月罚款情况和事由。

(2)强化试验检测人员素质。强化对施工单位工地试验室人员的管理，由试验检测中心每月至少组织一次理论、实操考试，对实际在岗人员的工作能力进行考核(图3-4)，连续两次不及格将予以清退；加强对试验室内业资料的检查，对弄虚作假人员坚决清退。

a)

b)

图3-4　监理人员专业能力考核

(3)奖励优秀监理人员。除对监理进行优监优酬奖励之外，在江罗高速公路每月简报中点名表扬优秀监理员和试验检测员，在每年12月对优秀监理人员进行通报表扬和物质奖励。

3.4.5　树立质量标杆，推广先进经验

(1)结合工程进度，开展标杆工程评选活动。评选小组对申报的标杆工程进行现场验收和内业检查，优中选优，树立包括隧道开挖、二次衬砌混凝土、边坡防护等标杆工程共30余处，以点带面促进全线的施工质量和管理水平提升。江罗高速公路对获得标杆工程的单位进行奖励，奖金来源于日常管理罚款和“优质优价”奖金。

(2)推广施工质量控制“亮点”经验。结合日常施工中涌现的亮点，如钢拱架加工等及时组织召开现场经验推广会(图3-5)，要求各标段管理人员和班组长参加，通过现场看、做者讲、实操演示(图3-6)，将好的施工经验传授给各标段，业主和总监办发文推广。

(3)将质量管理重心下移，重视施工班组的建设。由于一线工人普遍文化素质偏低，业务能力和专业素质参差不齐，且对工作缺乏主动性。每一个标杆工程背后都有一个“标杆”班组，只有优秀的工人才能筑就优质的工程，江罗高速公路将班组建设的理念推广到监理和施工单位。加强工人的日常教育和培训，特别是分项工程的技术交底以及施工过程中的技术指导，重视班组长的培养，组织班组长到优秀标段学习取经，各施工标段制定详细的质量奖励办法，江罗高速公路监督标杆工程奖金发放情况，确保奖金发到一线班组手里。充分调动广大一线施工人员的工作积极性，通过一线施工班组的建设，为江罗项目夯实了质量管理基础。

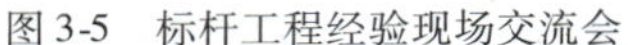
图 3-5　标杆工程经验现场交流会

图 3-6　现场交流会上工人实际操作

3.4.6　严格落实隐蔽性工程旁站制度

不以赶工期或者夜间施工为理由放松对隐蔽性工程的监管，要求监理单位对隧道工程关键工序严格按施工标准化要求旁站验收，并留存完备的影像资料，对于无影像资料的隐蔽性工程将不予计量（图 3-7）。每月大检查时检查现场监理人员旁站验收资料。对监理旁站资料不全和资料作假的行为严肃处理，开除现场监理员，追究总监办的管理责任。

图 3-7　隐蔽工程旁站及抽检

现场施工中要求隧道专业监理在每循环开挖后，检查隧道内轮廓线及锚杆、超前小导管打设情况，严抓施工质量，防止偷工减料现象的发生。

3.4.7　开展专项整治，规范施工行为

根据项目工程进展的情况，联合总监办组织开展了隧道超前支护、爆破开挖、初期支护、二次衬砌施工、高边坡施工等专项整治共计 40 余次。如开展超前支护和锚杆专项整治，首先开展全线排查，锚杆和超前支护以破检和无数检测相结合的办法，随机抽检隧道初期支护任何部位的锚杆，对检查中发现的各项质量问题进行通报，明确整改期限和要求，召开隧道施工专题会，对同一类问题反复出现的情况，按照合同条款进行严厉处罚，要求全线各参加单位内部开展自查自纠，追究现场管理人员的责任，并完善技术交底和质量管理奖惩措施。分公司对检查

中发现的质量问题本着“四不放过”原则：

(1)不处理相关责任人不放过。

(2)不对班组进行培训教育的不放过。

(3)不整改到位的不放过。

(4)不查明原因制订下一步施工管控措施的不放过。

江罗业主领导亲自主持召开各参建方参加的质量管理专题会，对检查中发现的各合同段质量问题进行通报，分析原因，制订整改和防范措施，并启动问责机制，追究相关现场管理人员责任。对不按规范施工、同一类问题反复出现的单位，采取罚款、返工、通报、约见上级单位法人等措施。通过加大管理力度，提高了管理成效，将质量隐患消除在萌芽状态，到目前为止共召开质量管理专题会议11次，彻底消除了隧道锚杆数量不够、初期支护混凝土强度不足、边坡浆砌防护厚度不足等质量通病。

3.5　隧道工程耐久性保障措施

3.5.1　施工质量检查表

针对公路隧道施工质量存在的问题，紧密结合新奥法施工的内容和程序，在大量调查研究的基础上，对公路隧道施工质量检测提出规范化的检查内容、格式进行设计，制定了公路隧道施工过程中的质量检测表格，这些表格建议纳入招标文件以及隧道施工单位及监理的“技术规范细则”。表格涵盖的范围包括：隧道材料质量检查表、隧道开挖质量检测表、锚杆施工质量检测表、钢拱架(钢格栅)总体质量检查表、钢拱架(钢格栅)及钢筋网安装质量检查表、喷射混凝土施工质量检查表、防水层施工质量检查表、止水带施工(预埋式)质量检查表、排水管(盲管)施工质量检查表、二次衬砌模板安装检查表、二次衬砌混凝土灌筑与养护质量检查表、二次衬砌混凝土质量检查表、仰拱基础质量检查表、隧道施工环境检查表、隧道注浆实施及效果检查表。相关的质量检查表格应该按时进行填写，并纳入施工报检程序。

3.5.2　质量检查制度化

江罗高速公路联合各试验检测中心每月至少开展一次工地试验室、搅拌站、原材料的专项检查，并通报限期整改。江罗高速公路委托第三单位每年至少组织2次全线所有原材料的抽查。对于质量不过关、不稳定的原材料，坚决停用并清场，共清退不合格材料300余批次。

在试验检测中心的基础上，针对实体质量检测的盲区，引入第三方单位开展质量检测，如全线的隧道锚杆无损检测(图3-8)、隧道初期支护混凝土强度检测、隧道二次衬砌厚度检测(图3-9)、边坡锚杆(索)无损检测等，确保抽检频率高于规范要求值。

强化实体工程试验检测频率。各项目部成立以质检负责人为首的质检机构，加强工程质量自检，严格按技术规范规定的频率和办法进行自检，工程施工中没有进行自检或自检不合格的工程，不得报请监理验收，不得擅自进行下道工序施工，工地试验室认真做好工地检测试验，随时对各种进场材料及施工质量进行严格的试验检测，以试验检测数据控制工程质量，消除质量隐患。通过三级质量保证体系，对工程质量进行有效监控，对查出的质量问题及时下发指令，要求监理单位严肃处理并及时反馈，为工程质量管理打下了坚实的基础。江罗高速公路组织试验检测中心加大对实体工程质量的检测频率，力争做到全覆盖。据统计，各检测中心钢筋保护层厚度共检测 29.7 万个点，混凝土回弹强度共检测 21.7 万个点，隧道初期支护混凝土抽芯 1300 余处，边坡及隧道锚杆无损检测 1400 余根，隧道二次衬砌扫描 21000m，路基填筑层厚挖检 7800 余层，路基边坡防护破检 3200 余处。

图 3-8　锚杆无损检测

图 3-9　隧道二次衬砌厚度扫描

3.5.3　施工地质灾害防治

隧道工程经常遭遇坍塌、岩爆、涌水、突泥、岩溶、滑动、瓦斯、火灾、地震、暴雨这十种灾害的威胁，其中坍塌、涌水、突泥更是隧道安全生产与品质工程的“主要杀手”，尤其坍塌对隧道内部品质的负面影响很大。

江罗高速公路项目引入了有专业资质的第三方监测和检测单位。独立开展隧道施工监控量测工作，及时有效地将隧道施工现场的监测数据反映给参建各单位，与施工单位的监测成果相互印证，避免了人为因素造成的监测数据不真实、预警不及时等以往项目建设中的弊病，同时也是对施工标段监控量测工作的监督，在实际工程中取得了较好的效果。

3.6　隧道施工质量缺陷处理技术措施

隧道工程施工工序较繁杂，施工条件恶劣，极大地影响了施工作业人员的工作效率和身心健康，导致可能出现施工质量问题，而支护结构施作完毕后，一旦发现质量问题，通常较难处理，若采用拆除重做的处理措施通常会耗费更多的人力、物力、财力，造成更大的资源浪费，因此隧道工程施工质量控制应以预防和避免发生质量事故为主，以处理质量事故为辅。

根据隧道工程的施工工序，将可能的质量缺陷处理措施分述如下：

3.6.1　隧道超欠挖及轮廓不够圆顺

(1)隧道欠挖部分应根据围岩地质条件、欠挖部位、欠挖程度综合考虑是否进行补挖，围岩较差须安设钢支撑的段落，可采用人工或机械方式补挖，或在有条件调整钢支撑安装位置且补挖可能引起较大超挖、欠挖面积不大及不位于拱脚、墙脚上方部位时，可不进行补挖，而只需调整钢支撑安装位置即可。对围岩地质条件较好，不需安设钢支撑的段落，可根据是否满足隧道内净空尺寸、喷射混凝土最小厚度要求确定是否需要进行补挖。

(2)对隧道超挖部位，可使用喷射混凝土或同级别混凝土充填，严禁使用石块、洞渣、木块等杂物充填，且充填工作应在初喷阶段完成，以保证复喷混凝土厚度的均匀性。

(3)对隧道开挖轮廓线，首要保证的是其能满足内净空尺寸要求，在保证隧道内净空尺寸的前提下，尽量使其轮廓线圆顺，以减少应力集中现象。

3.6.2 超前支护

隧道超前支护的主要作用是保证开挖时的围岩稳定性，属于临时支护结构。若在开挖掌子面前发现超前支护结构不能满足稳定支护围岩的情况，则应按照设计要求补打超前支护。

3.6.3 喷射混凝土

(1)通常采用打设注浆管，向喷射混凝土与围岩间脱空部位注浆的方式处理初期支护与围岩间的脱空，注浆材料可使用水泥浆，注浆压力可控制在0.2～0.5MPa范围内，注浆时应在脱空部位上部打设出气孔，以保证注浆工作顺利进行，同时可作为注浆饱满程度的检查孔。

(2)可采用取芯法或地质雷达法等方法对喷射混凝土厚度进行检查，对发现不满足设计要求的段落可采用补喷的方法进行处理，应将喷射混凝土厚度补喷至不小于设计厚度。

(3)对喷射混凝土强度小于设计值的情况，可根据围岩地质条件、缺陷面积、初期支护形式等情况综合考虑，除采取拆除重新施作的处理方法外，还可采取加强二次衬砌结构的方法进行处理。在加强二次衬砌结构前，应由设计单位对初期支护和二次衬砌结构的实际情况进行计算，以使支护结构能满足承载力要求。

3.6.4 钢支撑

(1)钢支撑间距不满足设计要求，且差距较大时，可采取在喷射混凝土内凿槽补埋钢支撑的方法进行处理。补埋时应保证钢支撑与混凝土间充填密实，握裹充分，必要时可采用细粒混凝土充填。

(2)钢支撑各部分连接时，可采用螺栓连接和焊接的方式进行，连接时须采用垫板，不得采用直接对焊的方式连接。

(3)对钢支撑扭曲、上下部位钢支撑连接倾斜度较大的情况，应进行拆除重新施作。

(4)钢支撑脚部须施作锁脚锚杆，围岩地质条件较差段可施作锁脚导管，锁脚锚杆或导管须注浆饱满，且与钢支撑焊接，以保证提供足够的支承力。

3.6.5 锚杆

(1)锚杆打设方向应尽量垂直于开挖轮廓面，在岩层层理明显的段落，应垂直于层理面。

(2)足够数量的系统锚杆是保证充分发挥锚杆作用的基础，若系统锚杆数量不满足设计要求，可在施作好喷射混凝土后补打系统锚杆，直至满足设计要求。

(3)可采用专业的锚杆检测仪器对施作好的锚杆长度、注浆饱满度等情况进行检测，发现质量缺陷及时进行补打。

3.6.6 钢筋网

钢筋网是隧道初期支护结构中较典型的隐蔽工程，在喷射混凝土施作完毕后很难对其施工质量进行检查，因此钢筋网的质量控制应以施工过程中的监控为主。

3.6.7 仰拱

(1)良好的仰拱施工质量是隧道长期运营过程中路面保持耐久性的重要基础，隧道施工过程中出现的仰拱充填片石、洞渣等质量缺陷须严格避免，一旦出现，应拆除重新施作。

(2)隧道初期支护仰拱出现钢支撑报检后拆除的情况，应在检查证实后予以拆除重新施作。

(3)仰拱充填片石混凝土不密实时，可采取向仰拱充填物中注浆的方法进行加固。

3.6.8 防水层及排水设施

防水层及排水设施对隧道的正常运营起着重要的作用，不符合设计文件和相关规范要求时，应予以拆除重新施作。

3.6.9 二次衬砌结构

(1)二次衬砌钢筋在混凝土浇筑后即无法检查，因此应以事前检查、预防为主。

(2)在防水层施作前，可采用隧道断面仪等仪器设备对隧道内净空尺寸进行检查，若初期支护侵入二次衬砌净空，则应及早进行处理。否则应采取诸如提高二次衬砌混凝土强度等级、加密二次衬砌钢筋等措施提高二次衬砌混凝土承载力。

(3)二次衬砌混凝土表面有蜂窝、麻面等质量缺陷时，可采用水泥抹面的方法进行处理。

(4)二次衬砌混凝土表面出现裂缝时，可根据裂缝部位、宽度、深度、长度、形式等情况制订处理方案。通常情况下对宽度小于0.2mm的裂缝采用表面封闭法进行处理，对宽度不小于0.2mm的裂缝采用压浆加固方法进行处理。

(5)对二次衬砌混凝土表面出现的渗漏水点，通常根据渗漏水量大小、形式、部位等采用引排或封堵的方法进行处理。

(6)对施工缝处出现的错台等现象，通常采用切除错台混凝土，用砂浆抹平的方法进行处理。

(7)对二次衬砌与初期支护间存在脱空的情况，通常采用在脱空部位打孔注浆的方法进行处理。

(8)二次衬砌混凝土厚度或强度不满足设计要求时，可根据围岩条件、二衬混凝土实际厚度等情况进行结构验算，以确定是否需要采取工程措施加固二次衬砌结构，通常采用的加固措施有换拱、套拱、凿槽嵌工字钢、铺设钢带(钢板)、挂钢筋网喷射混凝土等。

第 4 章　工程安全管理

近年来，随着我国公路隧道建设规模的持续增长，公路隧道向崇山峻岭延伸，其遭遇富水岩溶、断层、软弱围岩、破碎岩体、瓦斯地层、高地应力、冻土等不良地质的概率越来越大。客观不良地质条件结合建设人员主观不安全行为酿成了地质灾害和工程事故，突水突泥（图 4-1）、围岩坍塌（图 4-2）、支护变形、瓦斯爆炸等灾害性事故成为上述恶劣地质条件下的事故常态。据不完全调查，1999 年至今，国内公路、铁路、地铁、水工等领域的隧道或隧洞共发生恶性坍塌事故 118 起，造成人员死亡 311 人，受伤 309 人，共计 620 人。在坍塌事故中，公路隧道为 57 起，占 48%。近年来，公路隧道围岩坍塌事故有增多的趋势，2013 年发生 8 起，2014 年发生 10 起，2015 年发生 6 起，2016 年发生 9 起，隧道安全形势严峻。总之，这些事故对隧道建设的安全、工期和成本造成严重危害。

a)

b)

图 4-1　隧道突水突泥

a)

b)

图 4-2　隧道坍塌及其处治

安全生产是项目建设的基本保障。江罗高速公路坚持"安全第一、预防为主、综合治理"的安全管理方针,坚决落实一岗双责、党政同责要求,促进各项管理措施落地,使江罗高速公路自开工以来没有发生一起安全生产责任事故,保障了生产安全。

4.1 安全管理体系建设

4.1.1 落实"一岗双责",构建安全生产责任体系

"首责制"落实施工安全标准化,提高施工作业"本质安全",首先构建安全生产责任体系,核心是安全生产责任制。江罗高速公路利用创建"平安工地"示范工程的契机,坚持以"建设单位主导、监理单位监督、施工单位负责"为原则,全力构建覆盖业主、设计、施工、监理等单位全员参与、全面覆盖及全过程管理的安全生产责任体系。

(1)将项目安全管理组织机构纳入合同管理

土建总监办和施工单位均成立安全管理部,施工单位专职安全员按当年计划合同量每5000万元配1名并要求施工工区配专职安全员,各土建总监办配备专职安全副总监、各交通工程总监办配专职安全监理。同时对施工、监理专职安全管理人员实施进场考核,对二次考核不合格人员进行清退,建立一套与建设规模相配套的专业化安全管理队伍。

(2)业主公司实施"一岗双责"和"党政同责"责任制

公司总经理和书记挂帅"平安工地"创建领导小组,安排高级工程师、硕士研究生、国家注册安全工程师等"精兵强将"专职负责安全生产工作。

(3)健全安全管理制度

江罗高速公路优化管理流程,把技术标准、管理标准、作业标准落实到施工全过程,确保施工安全,制定了《江罗分公司安全生产标准化手册》并作为施工合同附件纳入合同管理。

4.1.2 创新安全费用管理方式,构建项目安全投入保障体系

根据国家有关法律法规以及省交通集团安全费用有关规定,江罗高速公路创造性地制定安全生产费用清单化管理办法,编制了全线施工单位安全费用清单、编制说明及计量支付办法,并将清单纳入施工合同管理。施工单位每月按清单编报费用计划和支付申报表,经驻地监理和总监办现场审核和计量签认,公司审核预付和按实计量支付的方式,确保安全经费得到有效投入。

安全费用管理办法主要包括以下内容:

(1)高速公路建设中安全生产的防护物品标准化

针对江罗高速公路建设过程中危险性较大的桥梁工程(例如基坑开挖、预应力张拉、高空作业)、高边坡工程(高路堑边坡开挖)、隧道工程(例如火工品管理、施工监控等)施工等各类作业面,确定安全控制方案措施,并实现安全生产管理标准化,制定各项安全生产投入的防护物品配备标准。

(2)高速公路安全生产检查和事故隐患评估费用标准化

根据江罗高速公路的特点,建立高速公路安全生产检查和事故隐患评估制度,包括安全生

产监督检查及纠正预防措施，重大危险源、重大事故隐患的评估、整改、监控等措施，并量化所涉及的人员配备、物资配备，形成配备标准化。

(3)人员配备和培训教育费用标准化

包括各岗位人员安全技能培训、安全宣传教育、施工安全专项方案及应急预案评审、应急救援演练及安全生产科技创新活动所需要的费用标准化，以及其他与安全生产直接相关的活动的费用标准化。

(4)安全生产费用工程量清单编制

编制安全生产费用工程量清单，单列工程量清单第100章第102-3项安全生产经费，在安全措施标准化的基础上编制出标准完善的安全生产费用工程量清单。安全生产费用清单化管理办法将项目安全生产费用范围量化，形成统一的标准，使安全生产投入有依据、检查有标准、整改有要求，计量支付明确、清晰，改变粗放的管理现象，有效防止施工单位将安全生产费用作为利润或者挪作他用，促进安全费用管理规范化、标准化。

同时江罗高速公路与相关的科研机构合作开展安全生产费用课题研究，以提高安全生产费用清单的适用性和可操作性，课题成果“江罗项目安全生产费用清单化管理”获得第二十五届广东省企业管理现代化创新成果二等奖。

4.1.3 推行全方位安全检查方式，构建安全隐患治理体系

江罗高速公路保证每月对监理单位及施工单位进行一次综合检查。开展以起重机、架桥机、脚手架等施工设施设备安全隐患为重点的排查治理，加强对隧道、深基坑、桥梁桩柱、高边坡、高大模板支架等施工部位和环节的重点整治。主要做法有：

(1)量化检查法：以《江罗分公司安全生产标准化管理手册》为依托，每次检查前将检查内容细化、量化，明确检查项目、检查内容、检查方法，保证了检查有目标、有程序，整改有方案。

(2)持续整改法：施工建设过程是一个动态过程，安全生产隐患整改也是一个动态过程，对于不能立即整改但又需要整改的安全隐患，江罗高速公路采用《安全生产隐患整改督查表》的形式，对存在的安全隐患按监理督促、施工单位整改、业主复查的步骤实行监督。

(3)格式标准化：安全生产检查一律采用规定格式用表，内容清晰，有检查、有记录、有整改、有反馈、有复查。

在以全面防控，体现隐患排查整改科学化的同时，江罗高速公路平均每2个月开展一次专项检查专项整顿，专项整治结合专项施工方案，发挥设计单位、监理单位及安全生产中介机构技术支撑作用，建立以安全生产专业人员和专家为主导的隐患排查整改评价制度；每季度召开现场会交流学习，通过集中组织全线单位召开现场推广会，对安全隐患排查和防治工作好的方面向优秀单位学习；通过四级隐患排查机制，在全线由班组、工区、安全管理部门、项目部经理四级逐级报告、逐级排查、逐级监督、逐级签字进行隐患排查。其中2014—2016年共组织34次专项检查和整治，印发整改通报41份，共排查整改隐患1500余处，对总监办和施工单位的“三违”现象进行罚款。

4.1.4 以落实施工方案为导向，构建项目安全技术保障体系

江罗高速公路全线监理审批安全专项施工方案共249份，其中隧道施工专项方案28份、跨路施工专项施工方案和交通疏导方案16份、高边坡施工方案15份、梁板安装专项施工方案30份、现浇梁支架搭设专项施工方案12份、爆破作业专项施工方案22份、高墩施工临边防护专项施工方案35份以及其他各安全专项施工方案91份。江罗高速公路在安全管理中重点突出安全技术管理。

(1)开好安全方案评审会

安全生产既重在对专项施工方案的执行和安全技术措施的落实，也重在有一个针对性强的完整可行方案。因此，在隧道施工、跨路施工、高边坡施工等风险高的施工方案中，江罗高速公路邀请设计、监理、施工各方进行专项施工方案评审，确保方案符合有关标准规范，使安全施工条件满足现场实际情况。如组织隧道专家对不良地质段落和塌方、大变形等段落的开挖支护方案进行评审，提高施工工效和安全性。

(2)推行大型临时设施安全专项验收和关键工序安全验收制度

监督总监办在工序验收时同时进行安全验收，驻地监理、施工员及安全员要签署意见，风险较大的工序实行项目负责人在岗带班制度。

(3)把好安全技术交底和方案落地关

要求分项工程开工前，施工单位必须组织全员安全技术交底，并书面签认。同时，要将相关安全措施按方案要求落实到位，施工过程中严格按方案实施，不得随意变动。

全线施工安全标准化宣贯大会如图4-3所示，安全管理知识考试如图4-4所示。

图4-3　全线施工安全标准化宣贯大会

图4-4　全线施工安全管理知识考试

4.2 隧道施工安全管理技术

相对于公路隧道施工的高风险性，应该更加重视其施工的安全管理。目前在公路隧道安全管理方面的主要做法如下：

(1)认识到位，强化安全施工监管理念

在施工过程中，应高度重视隧道的安全监管工作，把“安全高于一切、质量同于生命、防患

胜于补救、责任重于泰山”和“隧道施工安全无小事”的安全施工监管理念贯穿于全过程，认真贯彻落实“安全第一，预防为主，综合治理”的安全生产方针，真正做到“严格标准、严格工艺、严格纪律”。

(2)夯实基础，注重前期安全监管工作

在工程的预可、工可、勘察和设计等阶段，应组织国内外专家对工程可行性研究、地质勘探成果分析、施工设计审查、环境评价、风险评估等进行研究、论证，为有效控制安全风险奠定基础。

(3)健全组织，配齐安全施工监管人员

根据“管生产必须同时管安全”的原则，建设单位应专门设立安全施工监督管理办公室，专门配备有安全施工经验的专家负责安全施工监管工作，并赋予安全施工“一票否决权”和奖励处罚权。监理、施工单位配备专职、兼职安全监管人员。

(4)规范施工，严格落实技术支撑措施

在施工过程中，应采取一系列积极有效的施工技术手段，规避和防范重大灾害的发生，江罗高速公路在隧道施工安全管理方面主要采取以下技术措施。

4.2.1　临建设施标准化

按“统一规划、因地制宜、功能配套、安全舒适、经济环保”的原则，选址和布局合理。一是充分利用现有资源，租用沿线合适的房屋进行改造；二是租地自建。要求施工场地办公、生活区建筑面积等按标准设置；施工场所整洁通畅，施工污水采用沉淀池过滤有效净化处理。

(1)驻地建设：项目部办公区、生活区及车辆停放区等布局科学合理，各功能区域人均面积均超过标准化中的强制要求，并设置篮球场、羽毛球场、乒乓球场、健身场等生活休闲区域，区内场地及主要道路做硬化处理，排水设施完善，庭院绿化，环境优美整洁，生活、生产污水和垃圾集中收集处理。

(2)试验室建设：试验室通过验收并取得资质。试验室所有功能室已配备完毕，目前共进场200t压力试验机、100t材料试验机等共100余台套实验设备仪器。所有仪器均已安装调试到位，并经云浮市计量所标定。

(3)钢筋加工场建设：按照双标管理中集约化生产，即钢筋集中加工、混凝土集中拌和、预制件集中预制的思路，结合标段构造物分布的实际情况和地形条件设置(图4-5～图4-8)。

图4-5　1号钢筋加工场(3500m^2)

图4-6　钢筋笼自动滚焊机

图 4-7　2 号钢筋加工场

图 4-8　钢筋堆码整齐

4.2.2　隧道施工工序标准化

隧道施工工序标准化内容见 2.1.2 节。

4.2.3　隧道信息化施工

针对江罗项目隧道、边坡、软基工程众多的特点，加强全方位的信息化施工管理，通过施工监测检测和日常管理，及时反馈现场情况：一方面根据施工期间的实际地质情况和施工状态，及时优化设计和施工方案，保证了动态设计扎实有效的开展；另一方面对施工过程中出现的安全、质量隐患及时预警，为应急处置提供第一手现场资料和参考意见。通过信息化施工管理，达到项目建设全过程的有效监管，从技术上保证了工程建设安全和质量。

（1）引入第三方，建立监测制度

为了提高全线隧道、高边坡、软基施工监测水平，江罗高速公路在施工单位监测的基础上，引入了专业的第三方单位监测，并请监理复核，建立了多位一体的监控量测体系。为加强江罗高速公路第三方监控量测与质量检测管理工作，切实为信息化设计与施工提供重要的依据，结合项目特色分别制定了隧道高边坡监测管理办法，明确了参建各方有关职责，规范施工单位、第三方监测单位的工作程序，明确具体的管理要求。

（2）规范程序化管理

建立周报、月报、预警等现场施工情况信息报送程序，确保信息的准确性和及时性。第三方监测和施工单位按规定频率进行数据采集、地质描述和巡查，及时发现应力、应变和地质异常，以及已完工质量病害，为应急处置和动态设计提供第一手资料。

按照“动态设计、信息化施工”的原则，建立信息反馈机制，并设置相应的监测措施，将开挖过程视为再勘察的过程，及时进行地质编录和地质描述，注意核对地质情况，发现实际地质情况与设计不符，或地质情况异常时，应立即通报业主、监理和设计单位，以便对设计进行调整，保证工程质量和安全。当现场监测工作发生变化时，必须及时通知业主、监理、施工和设计单位，对新增或减少的监测工作采取现场核实后按照江罗高速公路的变更管理办法进行变更。

为切实保障工程施工安全，建立预警机制，制定了相应的应急管理程序。如遇异常情况及险情，监测单位立即通知各有关单位（业主、监理、施工单位），以便采取应急措施，再以紧急报告或异常报告的正式书面形式向业主汇报。业主接到紧急通知后，组织参建各方（监理、设计、施工、第三方监测单位）代表召开紧急会议，结合第三方监测单位紧急报告、监测数据及现场实际，共同调查实情、分析事故原因并确定处置方案。

4.2.4 隧道施工安全风险评估

根据交通运输部《关于开展公路桥梁和隧道工程施工安全风险评估施行工作的通知》要求，江罗高速公路与交通运输部科研院所合作，对项目全线施工阶段的桥梁、隧道、高边坡进行全面的、全方位的安全风险评估（图4-9、图4-10），是国内第一批开展高边坡施工安全风险评估的项目，填补了国内这方面的空白。另外，江罗高速公路还对后期建设的沥青拌和楼的天然气库开展第三方安全风险评估工作，充分利用安全风险评估成果，有效控制高危风险，并完善施工组织设计、危险性较大工程专项施工方案及相应的专项应急预案。打造项目施工过程安全预警、预控、预案品牌，确保工程风险始终处于受控状态。

图4-9 安全风险报告评审会

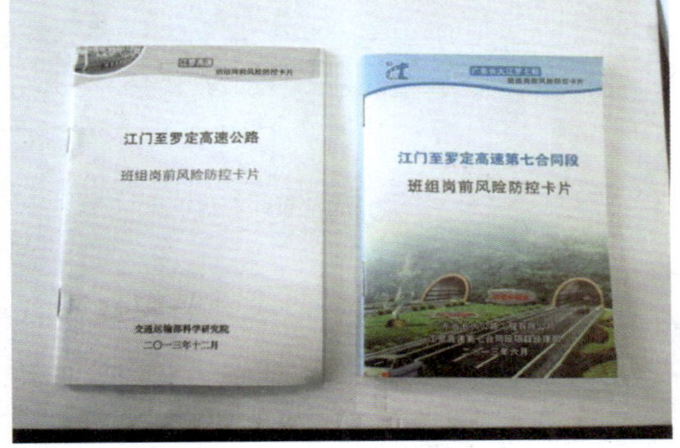

图4-10 为施工班组制作的安全风险防控手册

公路隧道建设过程中，尽管设计阶段已进行了系统的风险评估工作，制定了相应的控制措施，但施工阶段的安全事故仍不可避免。需要注意的是，施工阶段风险评估分为两步：基于施工组织设计的安全风险评估与基于施工过程的安全风险动态评估。前者发生于施工方中标后、进场开工前，基于施工图设计阶段评估结果，重点考虑各施工单位的施工组织设计方案与技术管理能力不同，导致风险动态变化，评估工作在进场前开展，应系统、全面地考虑详勘资料、施工组织设计方案及施工单位的技术管理能力，以定量分析为主；而后者发生于实际建设过程中，重点考虑随着隧道工程的开挖，实际揭露地质条件与原地质勘探资料存在的差异或施工方管理措施落实不到位等导致风险呈动态变化趋势，评估工作在施工过程中开展，宜抓住主要风险源，力求操作简单、便捷、合理，以定性分析为主。

施工阶段的安全风险评估，主要评估目标为施工图设计阶段的Ⅲ级（高度）、Ⅳ（极高）残留风险、条件发生重大变化引起的风险及采取重大技术变更引起的相关风险，即重点集中于区段风险评估。本阶段风险评估工作，不仅要求对超前地质预报、现场地质素描、监控量测结果进行及时分析与动态反馈，更要结合施工方的实际施工组织与管理落实情况，以明确新的风险源及风险事件，从而制订相应措施，降低风险。

施工单位进场前，基于施工组织设计的安全风险评估流程可参考图4-11；施工单位进场后，基于施工过程的安全风险动态评估流程可参考图4-12。

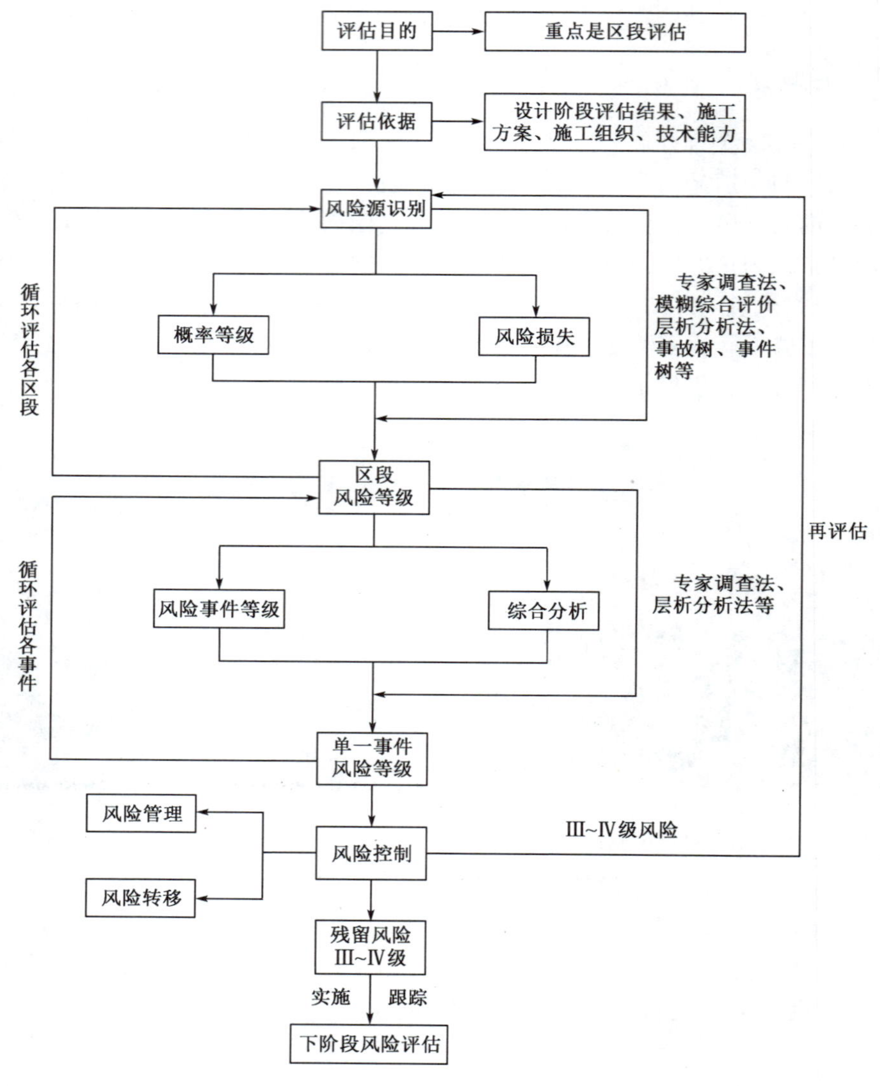

图4-11 基于施工组织设计的安全风险评估

4.2.5 构建项目安全应急体系

江罗高速公路结合项目施工特点和施工安全风险评估成果，按国家新颁布的应急预案编制导则，聘请专业咨询单位对江罗项目的1个综合应急预案、4个专项应急预案进行修编完善，并组织应急预案演练检验，先后组织消防、隧道防突泥涌水等应急演练，各施工单位每年组织两次应急演练，全线隧道工程做到“一隧一演”，截至2016年4月，江罗项目共计开展应急演练60余次。

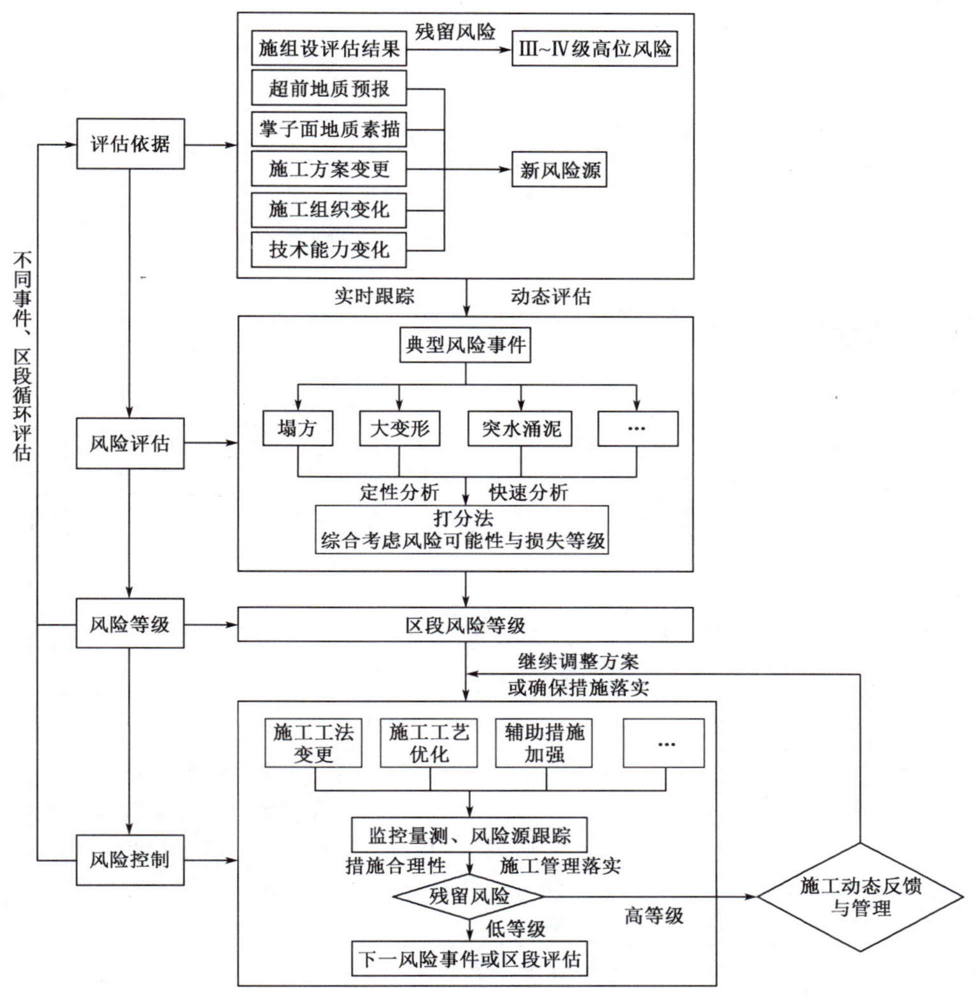

图4-12　基于施工过程的安全风险动态评估

4.2.6　严控隧道施工高风险

为规范隧道施工安全管理，江罗高速公路不间断组织隧道专家和隧道监理工程师对隧道施工的安全隐患逐一排查，重点检查隧道施工"六控制"执行情况，并以隧道施工主要工序安全质量监管和超前支护措施监管为主要对象，强化、规范监控量测和超前地质预报，确保围岩变更后及时加密断面测点和工法变更，及时有效指导隧道施工。通过专项治理，各施工单位按照"平安工地"建设标准组织隧道施工安全管理，施工安全可控，涌现出不少现场管理亮点，如隧道洞口全部安装门禁系统，实施人员和设备出入登记制度，隧道出口端洞内施工实施视频监控系统，采用新的爆破工艺，提高光面爆破质量和降低粉尘，隧道洞口场地实施硬化和绿化等，文明施工方案得到较好落实。

(1)隧道内施工人员定位管理系统

由于新建隧道所经过区域的地质条件复杂多变，要求隧道长度越来越长，埋深越来越深，开挖直径越来越大，施工难度越来越高。隧道施工过程又具有隐蔽性强、风险性大、工作面狭小、工序交叉复杂等特点，如何保证隧道施工安全、降低施工风险、保证隧道施工质量已成为隧道施工过程中需要解决的核心问题。因此施工过程中的人员定位信息化管理等先进的管理与监控手段（图4-13）将是隧道安全建设、质量保证的必然选择。

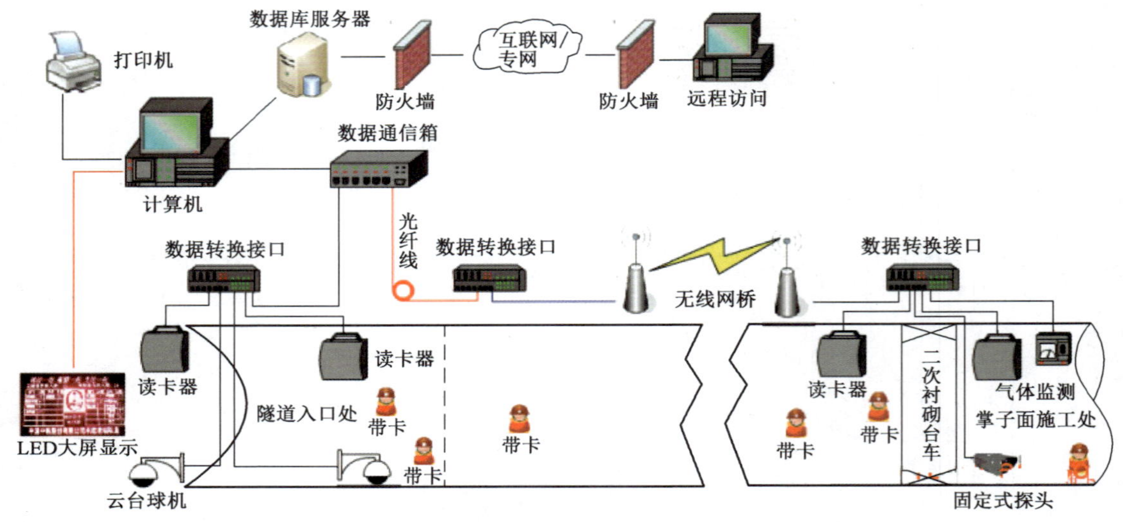

图4-13　远程监控管理系统

江罗高速公路长大隧道三岔顶隧道和王北凹隧道除了按照常规要求设置门禁系统及洞口视频监控系统外，还在洞内设置视频监控系统和洞内人员定位系统，实时了解隧道内的作业情况和人员分布情况；设置有害气体检测仪，检测洞口空气粉尘和瓦斯含量；隧道内进行交通管制，设置交通安全设施，做到人车分离。通过一系列安全设施和设备的投入有效保证了隧道内施工作业安全。通过应用有如下管理建议：

①隧道洞口处必须设置值班室（监控室），有专人24小时值班，对进出洞人员和机械进行登记管理，见图4-14。

图4-14　门禁系统

②1km 以上隧道宜配置电子门禁系统和人员定位管理系统，如图 4-15 所示，其他隧道可参照使用。

③洞口应设置人行通道、车行通道，做到人车分流。

(2)隧道内视频监控系统

图 4-15 视频监控系统

隧道施工宜设立远程监控成像系统，24 小时不间断地对工程实施全过程连续监控，随时掌握现场情况，指挥、调度、协调组织施工，并以成像方式积累第一手现场施工情况资料。现场应选择高清防爆摄像头，内置存储加远程传输、多级实时访问的视频系统，如图 4-15 所示。

(3)安全预警系统

隧道内应设立安全预警系统。当隧道发生险情或等级事故时，及时用声响和安全指示灯通知人员撤离或启动应急预案，可利用四种颜色指示灯标明不同地质条件的施工风险等级，如图 4-16所示。

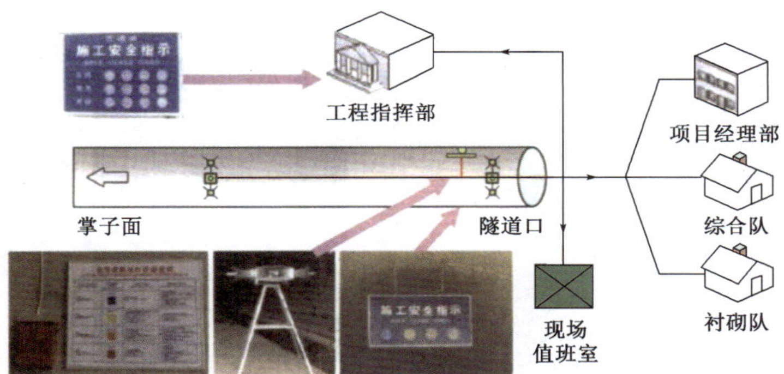

图 4-16 施工风险等级指示灯示意图

(4)隧道施工防护

施工作业安全防护方面，在做好高空、临边、防爆、机械、用电等各种安全防护设施的基础上，隧道施工防护措施主要包括以下内容：

①通过各种提醒、提示、警告、禁止标志，提醒告诫作业人员安全注意事项。

②各类安全标志醒目齐全，在加工棚、配电设施、隧道洞口、洞内各个作业台架等施工作业点均设置醒目的安全标识标牌，为作业人员提供有效的警示和指引。

③在施工现场张挂安全宣传标语，LED 显示屏滚动显示安全注意事项等。

④在所有作业台架、模板台车上设置应急灯，在重点部位作业台架上设置安全警示灯和高音喇叭等警报系统。

⑤隧道内设置应急指示逃生标识，衬砌段采用霓虹灯超高限制安全标识。

⑥衬砌台车、工作台车上应铺满木板并设安全栏杆。

⑦工作台架下净空必须符合设计要求，两端应设不低于1m的栏杆和人员上下的梯子。

⑧隧道作业台车应安装防护彩灯或反光标志，确保车辆通行安全，台架上应配置消防器材，如图4-17和图4-18所示。

⑨台车上宜放置急救箱，包括饮用水、面包、手电、口哨、无线对讲机和一些急救药品。

图4-17 衬砌台车安全标牌

图4-18 轮廓灯与反光系统

(5)隧道逃生系统

①软弱围岩地段应设置逃生通道。

②二次衬砌与掌子面之间、掌子面距仰拱之间的安全步距不得小于设计及规范规定的距离。在隧道开挖掌子面至二次衬砌之间，应设置逃生通道，随着开挖进尺不断前移，逃生通道距离开挖掌子面应不大于20m。

③保障逃生通道的刚度、强度及抗冲击能力。通常使用的钢管的内径为800mm、壁厚大于6mm，每节管长宜为5m，如图4-19所示，也可通过验证后，使用其他新材料制成的逃生通道，但必须满足相应的安全性能要求。

图4-19 逃生管道

④在每节钢管距端头1.5m处各设一个吊环，焊接在同一纵断面上。在吊环垂直方向，位于钢管1/2高度处的管端焊接连接钢板，中间设连接孔，用U形插销将两节钢管连接，连接细

部如图4-20所示。

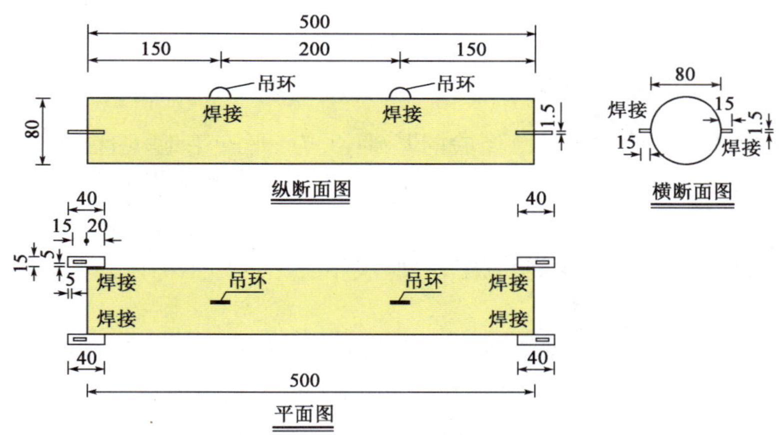

图4-20　钢管连接细部构造(尺寸单位:cm)

(6)隧道通信系统

隧道内应保持通信畅通,间隔一定距离设立有线电话报警平台(图4-21),同时与当地移动通信公司联系合作,提前安装移动通信小基站,设立移动通信洞内信号延伸系统,利用移动通信技术手段,增强通信信号,确保应急联络快捷畅通。

图4-21　有线电话报警平台

(7)应急逃生路线灯视引导系统

隧道内宜设立应急逃生路线灯视引导系统,统一预警设施安全管理,规范应急逃生路线,确保紧急情况下逃生路线各种预警设施、视觉指示的正确性和有效性。若隧道穿越富水岩溶发育区,还应考虑配套安装防突水伤害闸门。

4.3　深化"平安工地"建设

江罗高速公路的安全生产以创建省级"平安工地示范工程、实现零伤亡安全责任事故"为目标,以推进安全标准化、信息化管理为总领,以开展"零事故班组"建设、"平安工地"考核为抓手,通过强教育、抓典型、树标杆,不断提升项目的安全生产管理水平,涌现出一批施工安全示范亮点,项目安全生产状况持续稳定。

4.3.1 全方位创建“平安工地”

(1)在总结“平安工地”建设示范经验的基础上,为“平安工地”达标标准提供基础数据。根据“平安工地”达标标准,对全线安全生产工作加强领导,狠抓落实,全面推进“平安工地”建设。

(2)全面开展“平安工地”达标验收工作,验收不合格的施工标段,立即进行停工整改,力求江罗高速公路全线实现对标施工。

(3)大力使用信息化管理系统,发挥好示范标段引领作用。按照集团安全生产标准化管理系统要求,在全线推行安全管理信息化工作,安排专人负责系统使用管理,并指导各参建单位使用安全管理系统,督促各参建单位整改落实安全标准化管理系统中存在的问题,落实各单位专人负责系统信息录入,把安管系统作为“平安工地”考核中内业检查信息平台。2015 年度把江罗高速公路附属工程也纳入“平安工地”考核范围,实现了施工单位创建全覆盖、考核全覆盖、责任落实全覆盖。

4.3.2 创建“零事故”班组

江罗高速公路开展“业主主导、标段组织、班组落实”模式的“零事故班组”创建活动,制订了“零事故班组”活动达标评比奖励方案,每年评选 20 个示范班组和 10 名优秀班组长,不断提高施工班组安全管理水平、一线员工安全素质和自我保护能力,充分调动一线员工参与和监督安全管理的积极性,推动江罗高速公路安全生产管理上水平、上台阶,有效防范安全生产事故。

此外,江罗高速公路督促“零事故班组”建设深化试点单位,充分把握“自媒体”时代的通信优势——几乎人人有一部智能手机,利用移动通信终端,创建了“零事故班组”活动微信群。群员通过这个平台,对安全生产提建议、为生产安全行为点赞、曝光违章行为,管理员还通过这个平台发出安全指令等,大大加强了沟通、营造了安全文化。

4.3.3 构筑场站建设标准化

(1)场站和驻地建设安全管理一般性要求

按“统一规划、因地制宜、功能配套、安全舒适、经济环保”的原则,选址和布局合理。一是充分利用现有资源,租用沿线合适的房屋进行改造;二是租地自建。要求施工场地办公、生活区建筑面积等按标准设置;施工场所整洁通畅,施工污水采用沉淀池过滤有效净化处理。

(2)规范火工品安全管理

一是严格按民爆火工品库房规范要求选址建造。二是对火工品库房实施 24 小时摄像监控,设置监控中心报警专线,与公安部门连接,采用公安部门配备的“数码鹰”,对火工品的领取、运输、现场使用和清退进行全程摄像,通过网络上传至公安部门,做到实时监控,确保火工品不违规操作、不流失、不被盗(图4-22、图4-23)。三是实施库管员火工品器材编码登记制度。

图4-22 公安局对火工品库房进行检查

图4-23 值班室设置报警系统

炸药库房围墙采用水泥砖砌筑,高2.3m,围墙到库房的距离均大于5m,库内地面全部进行硬化处理,有完善的排水系统,无杂草、无易燃物,库区内设置有明显的相应的警示标志,库区内无电网供电系统,采用自然采光和库区外探照灯进行投射照明(图4-24)。库区内消防系统如(灭火器、消防沙、消防水池等)、防雷系统、视频监控系统、红外警报系统、库房防盗系统、通信系统等安全设置配备齐全(图4-25),并定期检查。有专门人员进行看守仓库,并配备两只牧羊犬进行看护,实现"人防、犬防、技防"。

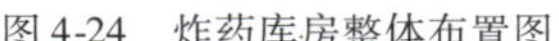

图4-24 炸药库房整体布置图

图4-25 视频监控系统、红外警报系统

(3)规范施工临时用电

一是施工前编制临时用电施工组织设计。二是按照三相五线制、三级配电两级保护、TN-S接零保护系统要求统一安装用电设备和线路。三是二级配电箱按规范配置,三级配电(开关箱)按照一机一闸一箱一漏配置,全线推广电焊机二次侧保护器(图4-26)。

图 4-26　配电箱临时用电按规范使用和检查

4.3.4　隧道安全防护标准化

隧道安全防护标准化内容见 4.2.6 节。

4.3.5　开展隧道洞口布置及文明施工专项整治

结合隧道洞口地形，按照安全实用、整洁美观、规范环保的原则进行布置（图 4-27），保证具备足够的使用面积，并进行功能分区，统筹规划施工机械通道、停车场、材料仓库、通风设备、临时用电设备、门禁系统、排水设施、供水供气设施等在洞口场地的布置。通过各单位的共同努力，江罗高速公路所有的隧道洞口均设置门禁和视频监控系统，并认真落实隧道出入登记制度。隧道洞口井然有序，文明施工措施得落实，美化了施工环境，提升了项目的形象。

a）王北凹隧道进口

b）尖峰顶隧道进口

图 4-27　隧道洞口布置图

4.4　江罗高速公路应急处置案例

4.4.1　牛山隧道洞口仰坡滑塌处治

（1）基本情况说明

施工区域内自 2014 年 5 月 8 日中午开始遭遇多次暴雨侵袭，至 5 月 9 日凌晨，牛山隧道右洞出口左侧仰坡出现了局部滑塌现象(图4-28),滑塌体主要为喷射混凝土防护层,局部有少量土体跟随掉落。滑塌范围长8～10m,高5～8m,深10～30cm。滑塌造成一根送风管断开,未造成其他影响。

(2)塌方原因分析

仰坡顶部10cm喷射混凝土干缩后与原状土脱离产生缝隙,而前期施工边仰坡时,截水沟与仰坡顶端的绿化没有清除(保持现有绿化方便以后洞口复绿),雨季时大量的水进入缝隙最终导致仰坡垮塌。

(3)塌方处理方案

①清除右洞仰坡顶到截水沟之间的植被,用喷射混凝土全封闭。

②清除右洞滑塌面及右洞仰坡其余部分的喷射混凝土碎块,并清除松散土层,有裂缝的地方,用砂浆填塞密实。

③重新施工仰坡防护,内容包括$\phi8$钢筋网,长350cm、间距120cm×120cm的$\phi42$注浆小导管,喷C20混凝土10cm。

④排查所有边仰坡顶部,有缝隙的地方用砂浆封堵。

⑤边仰坡有开裂、破碎、脱落的部位,补喷混凝土;排查截水沟,存在坐浆不密实的部位,用砂浆灌缝。

⑥在上述防护措施完成后,在仰坡上按照2～3m的间距,梅花形钻$\phi8$排水孔,孔深以穿透喷射混凝土为宜。

牛山隧道右洞出口处理后仰坡如图4-29所示。

图4-28　牛山隧道右洞出口仰坡坍塌

图4-29　牛山隧道右洞出口处理后仰坡

(4)小结

①洞口仰坡施工喷射混凝土时,截水沟和仰坡顶端之间也需封闭,减少雨水的渗入量,同时在仰坡上设置排水口。

②根据“早进洞晚出洞”的原则,结合现场地形,适时调整明暗洞交界位置,减少对山体的开挖量。

4.4.2 鸦髻岭隧道洞内塌方处治

(1)塌方情况说明

2013年9月22日下午两点半,鸦髻岭隧道右线右侧上导坑(Ⅰ部)YK65+915处,开挖出渣后,正准备进行掌子面初喷混凝土时,拱部突然发生坍塌、滑落(图4-30),塌落物大部分为砂质黏土,夹杂部分强风化花岗岩孤石,塌方落土长10.6m(YK65+914~YK65+924.6),塌方量约210m^3。发生塌方时,当班领工员迅速组织施工人员撤离到安全区域,未造成人员伤亡及设备损失。

(2)原因分析

本次塌方发生在YK65+915上导坑掌子面处,根据地质资料与现场塌体岩样分析,该处为粉质黏土及强风化花岗岩,呈三体结构至粉状结构,自稳性差,易冲蚀滑塌,局部下伏中风化花岗岩,裂隙发育,岩体呈块碎状镶嵌结构,地质情况为造成本次塌方的主要原因。

(3)处理方案

①塌方处理总体原则。

处理总体原则为"稳前固后",先对塌方体表面进行喷射封闭及根部反压处理,对松散塌方土体和塌穴进行喷、锚封闭防护,然后利用钻孔方式探明塌方掌子面往后10m范围已完成的初期支护是否有塌方造成的空洞,如果有空洞,需进行注浆处理,最后在安全有保证的情况下,进行塌方段增强支护、短循环上下台阶开挖。

②塌方体加固措施。

首先对塌方体表面进行喷射素混凝土处理,并在塌方体根部进行反压回填处理,以便稳定塌方体及进一步开挖塌方体顶部时保证其自身稳定(图4-31)。利用原有的隧道洞渣反压回填,回填纵向长度为5m,高度填至塌方体根部以上2m。反压回填完成后,在塌方体最顶部人工开挖一个净空2m、纵向深度1m的工作平台,工作平台自上而下人工清理,边清理边打设超前小导管,以便稳固前方土体,超前小导管采用ϕ42×3.5mm热轧无缝钢管,长度为6m、布置间距为0.5m,共打设13根超前注浆小导管(图4-32)。

图4-30 塌方现场照片

图4-31 YK65+915掌子面反压回填及喷射混凝土处理

a)

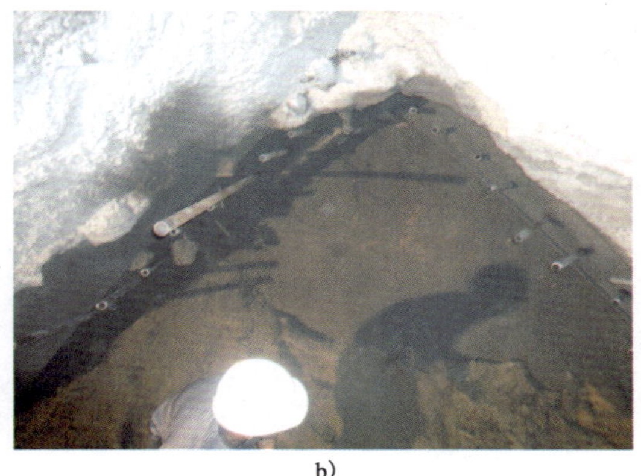
b)

图 4-32　工作平台开挖及超前小导管打设情况

图 4-33　掌子面封闭及后方加固情况图

③后方加固处理措施。

由于目前无法判断塌方发生的具体位置以及塌腔的位置、形状及大小，考虑塌方可能存在于已完成的开挖初期支护段，故需探明从坍塌掌子面往后已完成初期支护 10m 范围内是否存在塌方及空洞。主要采用钻孔的方法，钻孔深度宜为 4m，如发现有空腔存在，需采用径向注浆小导管进行注浆加固处理（图 4-33）。注浆小导管采用 ϕ42 × 3.5mm 热轧无缝钢管，长度为 4m、布置间距为 1m。

④塌方段开挖。

前方土体顶部及后方支护加固完成后，经观测塌方体处于稳定状态可进行开挖。原设计双侧壁导坑法开挖，其中右侧导坑分两部开挖，现塌方部位为右侧导坑 Ⅰ 部。在塌方范围内（根据地质勘探报告预计为现坍塌掌子面往前 10m，即 K65 + 905 ~ K65 + 915 段）Ⅰ 部采用上下台阶法施工，上下台阶以 Ⅰ 部中间为界，高度约 3.5m，上下台阶开挖掌子面距离不超过 1.5m。原设计工字钢拱架间距为 75cm，该段间距调整为 50cm，并在上台阶根部处加设锁脚小导管，原设计每 3m 一循环的超前双层小导管加强为每循环（50cm）打设，长度加长至 6m。

4.4.3　王北凹隧道突泥涌水及塌方处治

（1）基本情况说明

①设计及实际施工情况。

王北凹隧道罗定端掘进至 RK100 + 263 处时，隧道埋深约为 149m，原设计围岩为中 ~ 微风化砂岩、粉砂岩组成，岩质较软 ~ 较硬，岩体较破碎 ~ 破碎，级别为 Ⅳ 级，2014 年 9 月 7 日，在隧道开挖过程中拱顶涌水量突然增大，掌子面左右侧拱腰部位各发育一出水点，主要为基岩裂隙水，出水量较大，流量目测约 2000m^3/d，综合判定围岩为 Ⅴ 级，遂将 RK100 + 263 ~ RK100 +

253 段变更为Ⅴ级围岩，采用三台阶七步法开挖，超前支护为双层超前小导管，浆液为水泥—水玻璃双液浆，同时为探明前方围岩情况，在上台阶布置超前钻，孔深 20～30m，复工掘进至 RK100＋261 处时，由于地下水裂隙不断从拱顶涌出，裂隙面胶结构及夹层被地下水渗出且冲走，导致拱顶出现坍塌，塌腔纵深 0.8～1.0m，高度为 2.0～4.0m，弧长约 8.3m，塌腔量约 $26m^3$，现场估算流量约 $2000m^3/d$。隧道罗定端纵断面图如图 4-34 所示。

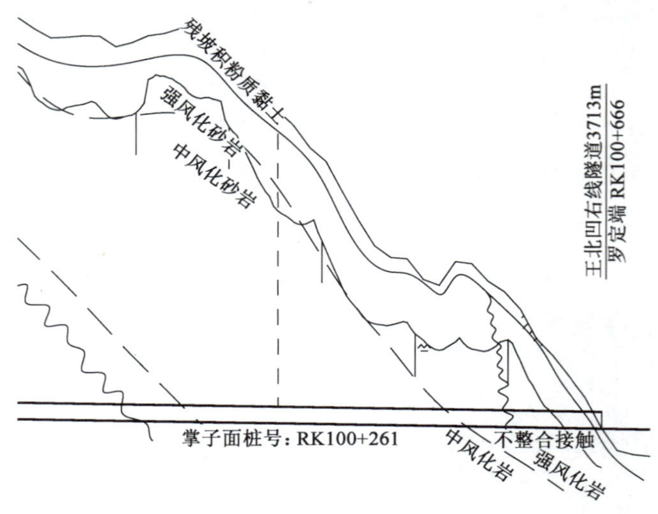

图 4-34　王北凹隧道罗定端纵断面图

②涌水情况。

2014 年 9 月 11 日对王北凹隧道罗定端右线掌子面 RK100＋261 上台阶进行超前钻探，在内侧拱腰部位布置一个孔位，掌子面预留核心土布置三个孔位，方向均为水平向前，孔深 24～28m，孔径 150mm。因围岩极破碎且水量较大，采用地质钻芯机出现多次卡钻，无法成孔，后采用 JK580（D）履带式液压钻机钻孔，2014 年 9 月 11 日晚四个排水孔钻孔完成后，排水孔中均有大量水流涌出，钻孔布置如图 4-35 所示。

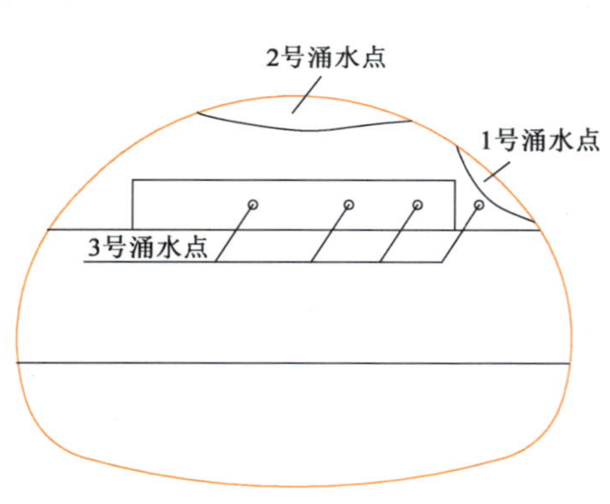

图 4-35　王北凹隧道右洞 RK100＋261 处涌水情况

各集中出水点具体涌水情况如下：

a. 1 号集中涌水点，上台阶内侧以上约 1m 处有一较大涌水点，水流量为 3. 33L/s（288 m^3/d）。

b. 2 号集中涌水点，拱顶部位约 4m 弧长范围内形成一个较大涌水带，水流量为 4L/s（345. 6m^3/d）。

c. 3 号集中涌水点，四处超前钻孔为集中涌水点，每孔水流量为 0. 83 L/S（288m^3/d）。

掌子面上台阶拱部均有分散的滴水或流水，右洞总的涌水量约 2 m^3/min（2880m^3/d），涌水水质清澈、不含杂质。

（2）处理方案

根据现场勘察，地表无山塘、冲沟等集中积水点，通过对涌水情况的连续观察，开孔排水几天时间内，水量未见减少趋势。据此推断，该富水层裂隙极为发育，裂隙长成脉状分布，极有可能与地表连通，水源补给充足。因此，隧道在当时开挖存在巨大的安全隐患，同时，对运营过程中隧道防水设施和衬砌结构的安全造成很大影响。综合上述情况，实际施工中采取“稳固后方、加固前方、上堵下排侧引”相结合的方法进行处理。

①加强隧道掌子面前方地下水的探测，在此段增加瞬变电磁仪探明地下水的情况，探明前方的地下水的丰富程度以及分布情况，查明富水长度。

②在右洞掌子面上台阶两边拱脚附近各打 2 ~ 3 个 ϕ70 泄水孔，泄水孔以斜上 30° ~ 45°，长度 25 ~ 30m 为宜，从而起到泄水减压的作用。

③保留掌子面处核心土，对右洞掌子面及核心土进行喷射混凝土封闭，喷射混凝土厚度为 15cm，喷射混凝土中增加 ϕ8 钢筋网（20cm × 20cm），形成加筋止浆墙。

④对右洞上台阶开挖轮廓面进行帷幕注浆加固，注浆材料采用 ϕ42 钢花管，长 6m，隧道开挖轮廓线周边一环间距 30cm，外插角为 5° ~ 10°，注浆采用水泥—水玻璃双液浆，水泥浆与水玻璃体积比为 9∶1。

⑤在隧道帷幕注浆加固前右洞掌子面塌腔处采用低强度等级水泥砂浆进行灌注回填，待其达到强度后再对掌子面前方进行帷幕注浆加固。

⑥正式注浆前，须进行现场注浆试验，并根据试验结果确定各注浆参数，注浆终压以 0. 5 ~ 1MPa 为宜，注浆完成后应对注浆效果进行检验，若效果不佳，可在第一层注浆管下 50cm 处进行二次注浆，注浆材料和参数与第一次相同。

⑦由于超前帷幕注浆已对掌子面前方进行了超前预加固，故在超前帷幕注浆段落不再设置超前小导管支护。

⑧减小开挖进尺，尽量采用人工及机械开挖。

⑨右洞从 RK100 + 261 ~ RK100 + 251 段采用 V 级围岩的支护参数，预留沉降量加大为 30cm，拱架间距加密至 50cm/榀。

⑩加密突水区域环向排水盲沟至 5m/道。

⑪右洞先行施工，左洞掌子面 LK100 + 258 处施作一环 ϕ42 钢花管注浆加固，长 6m，环向间距 30cm，外插角为 5° ~ 10°，注浆采用水泥—水玻璃双液浆，水泥浆与水玻璃体积比为 9∶1。

⑫待左右洞掌子面错开 10m，左洞开始施工，LK100 + 260 ~ 250 按照Ⅳ级加强施工（超前钢插管改为超前注浆小导管），开挖采用三台阶七步作业法。

4.4.4 大石岭隧道洞内大变形处治

(1)基本情况说明

2014 年 3 月 25 日,洞内施工至里程 LK129 +361 处,洞内进入土体与岩层的分界点,上导坑地面以上 1m 为强风化变质砂岩,遇水软化,洞顶出现环向裂缝(图 4-36),宽度最大 1cm,长约 5m,LK129 +361 及 LK129 +367 断面监控量测数据连续出现异常,日收敛值达 5mm 左右,3 月 19 日 ~3 月 26 日洞顶沉降最大 2cm。

图 4-36 大石岭隧道 LK129 +361 处环向裂缝

出现上述情况后,施工单位加强了监控量测,并在 LK129 +371.5 ~ LK129 +376.5 段落右侧壁隔榀加设临时横撑抵挡钢拱架变形及下沉(图 4-37),30 日停止掌子面的掘进,开始洞口段 8m 的仰拱施工,争取早日封闭成环;施工单位逐榀加设临时横撑;临时横撑加设完成后,后续施工过程中,连续有裂缝出现,掌子面开挖时,土体自稳能力差,拱顶及掌子面出现不同程度小面积坍塌、掉块。为了确保施工安全,在左导坑开挖至 LK129 +354,右导坑开挖至 LK129 +356 时,即停止掌子面施工,喷射混凝土予以封闭。

a)

b)

图 4-37 侧壁导坑增设临时横撑并设排水盲管

5 月 6 日起,由于强降雨影响,渗水量大泡软围岩,隧道监控量测数据持续偏大,最大收敛速率达到每天 8mm,拱顶沉降达到 4mm,拱腰出现纵向裂缝,5 月 9 日核心土坍塌,引发施工便道下沉(图 4-38)。

(2)大变形原因分析

①洞口段落为强 ~ 全风化变质砂岩,且存在一定程度的偏压,围岩软弱,自稳能力差,开挖后应力重分布,形成松动圈,而初期支护刚度不足,无法承受松动围岩挤压。

②地表水下渗使围岩承载能力急剧下降,围岩压力增加,造成洞室变形加剧;连日强降雨,地表水下渗更加严重,加剧了围岩软化速度,使其失去自稳能力。

③隧道前期施工不规范造成围岩内部松弛,雨季地表水下渗造成影响。

④停止施工后，施工便道仍然继续下沉，可以判断隧道仰拱底部受水浸泡，承载力不够，也可以直接导致隧道的整体下沉。

a)

b)

图 4-38　核心土坍塌及拱脚渗水情况

(3)监控量测数据分析

隧道大变形处理及后续开挖过程中，施工单位加强监控量测工作并实时上报量测数据，根据量测数据显示，5 月 9 日发生核心土坍塌，进行封闭掌子面、拱脚注浆及加设临时横撑等紧急处理后，洞周位移速率基本可控，6 月 2 日之后数据趋于稳定，有效地支撑了处理方案的合理性。大石岭隧道周边位移曲线如图 4-39 所示，拱顶沉降曲线如图 4-40 所示。

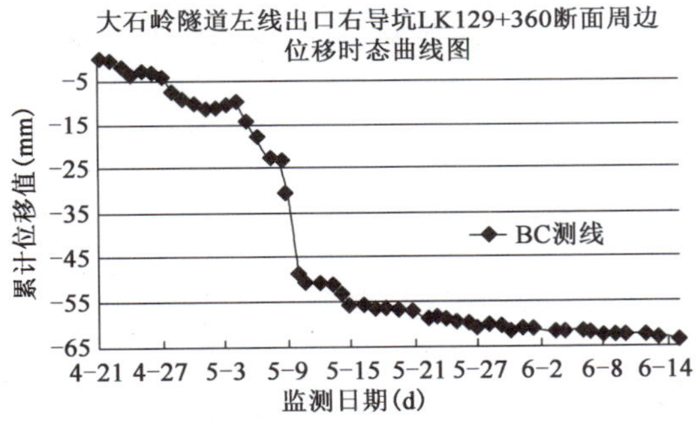

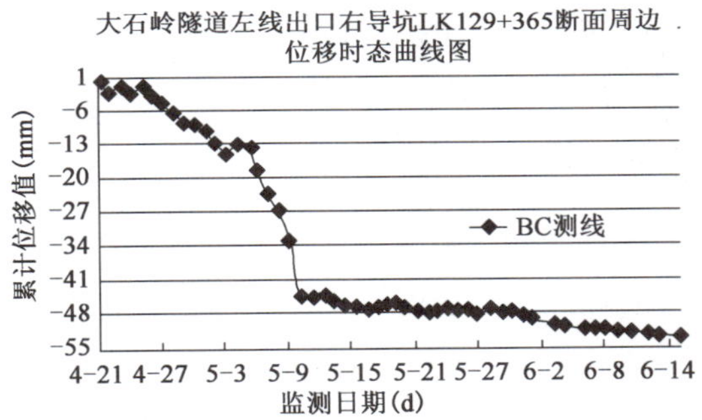

图 4-39　大石岭隧道周边位移曲线

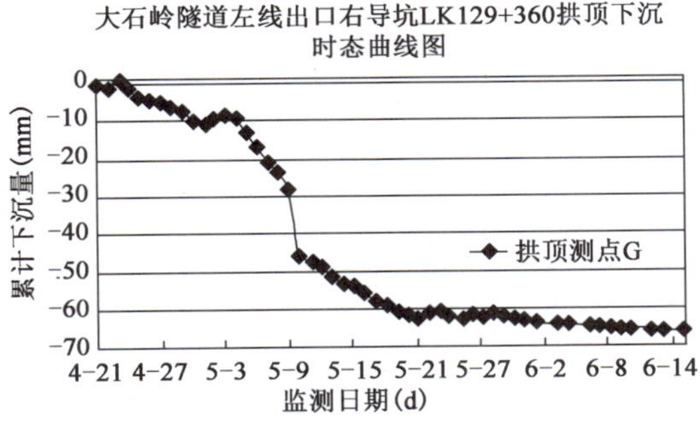

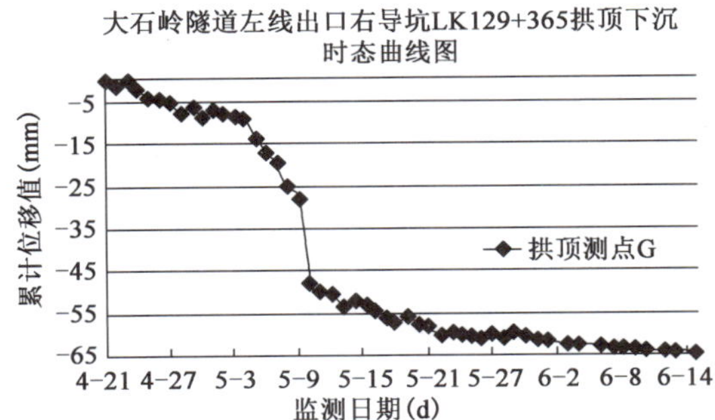

图 4-40　大石岭隧道拱顶沉降曲线

（4）处治方案

①全面停止掌子面施工，并喷射混凝土封闭掌子面及核心土；对掌子面拱部坍塌部位挂双层钢筋网并喷射混凝土回填，确保拱部密实。

②全面综合治理地（表）下水、洞外水对隧道围岩造成的不利影响，主要措施有：用黏性土封堵地表产生的裂缝以达到隔水的性能；用10cm厚喷射混凝土封闭洞顶截水沟与边仰坡之间的地表裸露部分，同时补喷截水沟边坡坡面，确保洞顶截水沟的有效使用；对洞口边、仰坡重新挂网且补喷混凝土至设计厚度；采用碎石土回填右上侧导坑底部，回填后应确保洞内有一定的坡度以排出洞内积水；由于隧道出口段落为反坡排水，故应在洞口加设集水井收集洞外路面积水，然后再用水泵抽除积水。

③在左右侧导坑上、下台阶各设4根4m的ϕ42锁脚小导管，对拱脚进行注浆加固，锁脚小导管采用"U"形钢筋与钢架牢固焊接。

④对于右侧导坑水平收敛大的LK129+356～LK129+370段落继续增设临时横撑，临时横撑采用I18工字钢，间距0.5m，横撑间采用ϕ22钢筋连接，ϕ22钢筋环向间距为1.0m。

⑤待LK129+356～LK129+377段落监控量测数据稳定后，对右侧导坑进行封闭成环，落底过程中保留临时横撑且每次掘进0.5m。

⑥待右侧导坑掌子面开始掘进后增设临时仰拱，具体榀数根据现场地质情况及监控量测结果综合确定；同时在LK129+346～LK129+358段落增加ϕ42小导管超前支护。

（5）小结

通过总结上述案例的发生及处治经验，后续施工过程中我们应该做到以下几点：

①重视监控量测工作，及时发现问题。在施工过程中，特别是洞口段，要做好地表及洞内的监控量测，数据异常时，要及时报警，将隐患处理在萌芽状态。

②隧道施工过程，尤其是浅埋偏压洞口段，应严格按照设计图施工，严格控制开挖先后顺序及步距，严格执行图纸支护参数，禁止贪快图省。

③隧道洞口施工应尽量避开雨季施工，选择旱季进度，保障洞口边仰坡安全。

④隧道内有水出露及反坡排水的隧道，应做好排水工作，防止拱脚泡水，造成钢拱架基础不稳，减弱或失去支撑能力。

⑤施工发生后应具备快速反应能力，成立应急小组，在施工发生后的第一时间进行处理，防止事态的进一步演化。

第5章　绿色隧道建设技术

5.1　绿色隧道内涵

5.1.1　定义

绿色隧道是指在隧道建设和运营期内，最大限度地做到保护环境、减少污染、节约资源（节能、节地、节水），确保建设安全、周边环境安全，为人们提供安全、舒适和高效的隧道通行服务，使隧道与自然环境和谐共存。

5.1.2　内涵

(1)安全和谐。在建设期确保施工安全，避免发生隧道塌方、突涌水、瓦斯爆炸等灾害，以及由此引发的周边建构筑物损坏和人员伤亡；在运营期间构建和谐安全的运营环境：良好的通风、照明、消防系统，确保驾乘人员的通行安全等。

(2)生态环保。防止隧道施工期和运营期地下水的过量排放，避免由此诱发的地表水体漏失、地面坍塌、生态环境恶化等；对隧道施工产生的废水、废渣进行处理利用，对运营过程中产生的噪声和污染空气进行处治。

(3)节约资源。最大限度地节约资源，节约洞口占地，利用太阳光/能、风能等自然能源，降低隧道通风、照明、供配电等系统能耗。

江罗高速公路全面实施“资源节约、环境友好、节能减排、低碳环保”等可持续发展技术，建设“绿色生态之路”。在建设之初，积极策划全线的生态绿化工作，开展了多项专题工作：洞门形式优化、“零开挖”进洞、洞口边仰坡复绿、隧道内装优化等。此外，还特别针对隧道能耗问题，开展综合节能研究，成果见第6章。

5.2　隧道洞门形式优化调整

隧道洞口是隧道的标志，是隧道工程的重要组成部分。长期以来，隧道洞口设计侧重于考虑洞口的结构稳定性，忽视环境保护及景观的要求，造成洞门形式呆板，与环境不协调。随着公路建设的发展，隧道洞口的视线效果和心理感受越来越受到关注，国内外出现了很多优秀的隧道洞口设计方案，总的来看，自然、简洁、充分与环境融合的洞口景观被普遍认可。

5.2.1　常用的隧道洞门形式及装饰方式分析对比

目前隧道常用的洞门形式主要分两类，即墙式和明洞式。墙式洞门主要有端墙式、翼墙式、门柱式、阶梯式等，明洞式洞门有削竹式明洞及棚洞式洞门等，其他各类洞门均可以看作此两种洞门形式的延伸。目前应用最为广泛的主要为端墙式洞门和削竹式洞门两种。

(1)端墙式洞门

端墙式洞门(图5-1)对洞口地形要求不高，但需要较高的地基承载力，其形式比较丰富，如一字形、台阶式、斜式等，端墙式洞门恢宏大气，易于施工，可有效保障洞口边仰坡的安全，但同时由于较大圬工面外露，造成一定的突兀感，引起与周边环境的不协调，同时车辆进洞时空间收缩感较明显，易造成驾驶人员的不适感。

a)

b)

图5-1　端墙式洞门

(2)削竹式洞门

削竹式明洞(图5-2)适用于洞口地形相对较平缓、对称的隧道，由于其仰坡面开挖较小，通过后期绿化施工可较好地与周边环境相协调，营造舒适、自然的进洞环境，但其模板、配筋等较复杂，相对端墙式来说施工难度较大。

a)

b)

图5-2　削竹式明洞

(3)其他类型洞门

根据每座隧道洞口地形及围岩特点，可相应选择其他形式洞门，如图5-3所示。直切式及塑石洞门一般适用于洞口原地面岩石裸露的隧道，营造与周边环境相协调的洞口环境；棚洞式洞门一般适用于无危险落石地段，可以有效地处理洞内外光线过渡问题。

a)阶梯式洞门

b)塑石洞门

c)直切式明洞

d)棚洞式明洞

图5-3 其他类型洞门形式

从实际经验及洞口景观效果来看，在洞口地形平缓、山体稳定的情况下，洞门形式以削竹式为宜，其形式简约、自然，与周边环境的契合度高，能较好地体现“隧道洞口及洞门构造物设计应与自然环境相协调，力求施工过程中创面小，避免过多人工装饰，减少人工痕迹，尽可能保护和最大限度恢复原地形地貌”的原则。但隧道洞口不可避免地位于冲沟侧或冲沟底时，为保障边仰坡稳定，以采取墙式洞门为宜。

5.2.2 江罗高速公路隧道洞门形式优化理念

江罗高速公路路线周边自然环境优越，为更好地落实江罗路“安全耐久、优质美观、环保节约”的建设理念，有必要对本项目隧道洞门形式进行优化，以实现安全、自然、视野开阔的目的。

(1)洞门优化原则

根据江罗高速公路2014年5月27日隧道洞门景观优化方案会议及11月26日隧道洞口

复绿方案专题研讨会的相关精神，分公司组织景观设计咨询单位、土建设计单位等参建单位根据隧道洞口地形及目前边仰坡开挖情况，对全线已开工隧道端墙式洞门进行优化调整，优化原则为洞门形式简单、大方、美观，尽量与周围环境相协调，减少突兀感，尽量减小端墙工程量，此外，要求洞门前视野开阔，利于行车观察。

(2)优化措施

依托江罗高速公路"安全耐久、优质美观、生态环保"的建设理念，尽量减小端墙体量，追求端墙结构美，从与环境协调出发，端墙不应追求宏伟，而应充分考虑与环境的协调，使其简洁、自然，且更加视野开阔。针对端墙式洞门，优化措施有以下三点：

①提倡"无洞门"的设计理念。

施工前与施工过程中通过现场踏勘，结合每座隧道实际地形，对隧道开挖方法及洞门形式进行动态变更，力求做到"零开挖"，同时在结构稳定的前提下，尽量采用与自然环境相协调的明洞式洞门，如削竹式、直切式；通过接长明洞，或仰坡放缓等方式取消端墙，减小开挖。

②尽量减小端墙体量，追求端墙结构美，避免或减少二次装饰。

从与环境协调出发，端墙不应追求宏伟，而应充分考虑与环境的协调，通过合理地设计尽量减小端墙体量；注重端墙的造型美感，避免过多的装饰，尽量减少端墙的呆板、生硬感。

③结合有层次感的绿化，柔化端墙的生硬。

对隧道洞口边、仰坡结合实际地形，确定有针对性的绿化方案，采用台阶回填方式，尽量使洞门背后回填土与地形相契合，同时采用立体绿化方式，与周围环境相融合。

5.2.3 江罗高速公路洞门形式调整方案

(1)调整原则

从以往施工经验及上述已建成隧道的绿化效果来看，削竹式洞门经回填绿化，能有效地融入周边环境，营造良好的景观效果，经江罗高速公路组织土建设计单位、景观设计单位及施工、监理单位等多次对隧道洞口开挖面及地形进行踏勘决定：

①对于地形较平缓，边仰坡不高的隧道洞口，有条件施作削竹式洞门的，尽量调整为削竹式洞门，以期后续良好的景观效果。

②对于边仰坡较高，无法施作削竹式洞门或变更为削竹式洞门后需延长明洞长度较长，造价增加较大的隧道，优化端墙形式。

a. 对于台阶式端墙，鉴于个别洞门台阶级数较多，建议优化减少台阶级数，力求隧道洞门简洁、大方。

b. 对于一字式端墙，优化端墙体量或尽量顺接地形变更为台阶式端墙，尽量减少端墙圬工体。

(2)隧道洞门形式优化对比

根据原设计洞门方案，结合现场实际地形，经讨论后，主要决定对表 5-1 所示隧道洞门形式进行调整。

(3)具体调整方案

经对比分析，对全线各隧道洞门形式调整建议如表 5-2 所示。

隧道洞门形式优化对比表

表 5-1

隧道名称	原设计情况	现场实际情况	拟优化变更形式	备注
牛山隧道罗定端左线	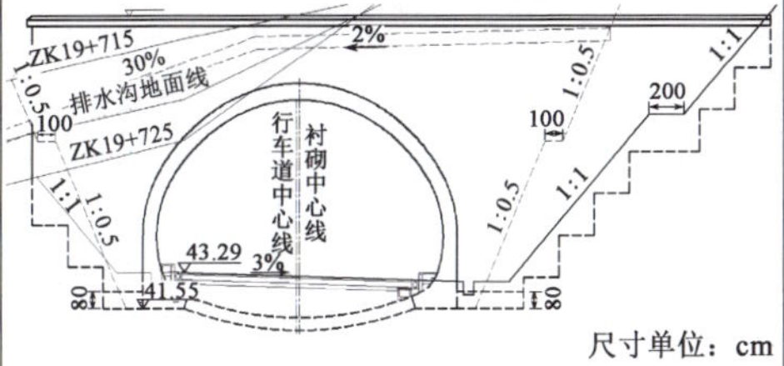 尺寸单位：cm		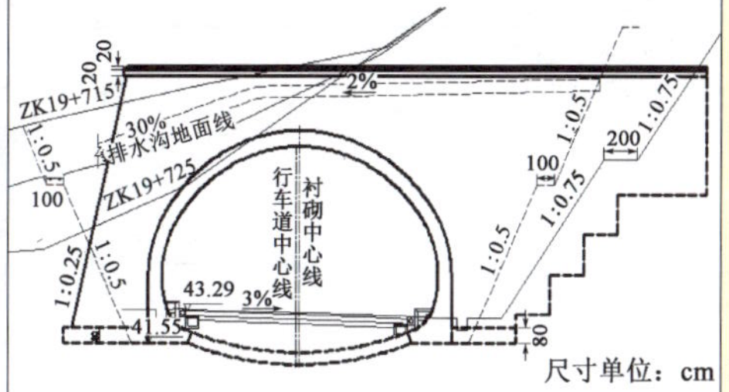 尺寸单位：cm	左线洞门端墙顶高程略有降低，减少 C20 混凝土 $134.6m^3$，造价减少约 7.4 万元。若改为削竹式，需加长明洞 10m，增加造价 25 万元左右
牛山隧道罗定端右线	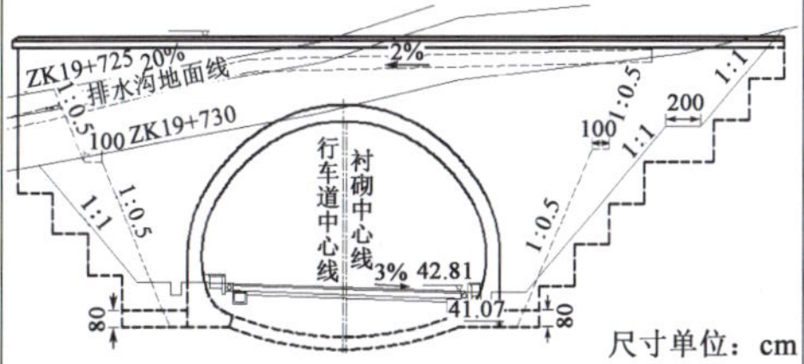 尺寸单位：cm		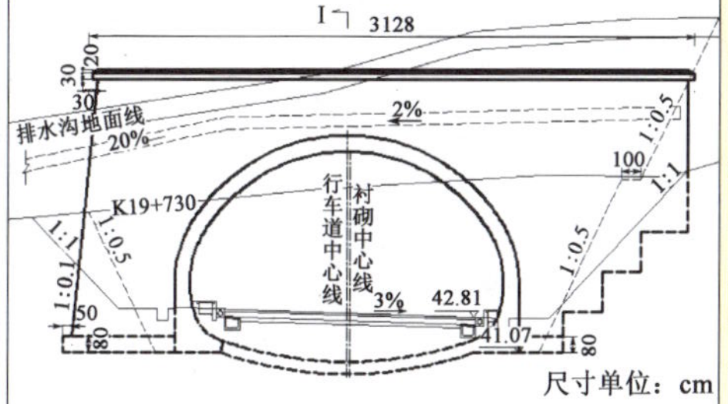 尺寸单位：cm	右线洞门端墙顶高程亦略有降低，减少端墙混凝土 $68.4m^3$，造价减少约 3.8 万元。若改为削竹式，需加长明洞 25m，增加造价 63 万元左右

续上表

隧道名称	原设计情况	现场实际情况	拟优化变更形式	备注
王北凹隧道江门端右线	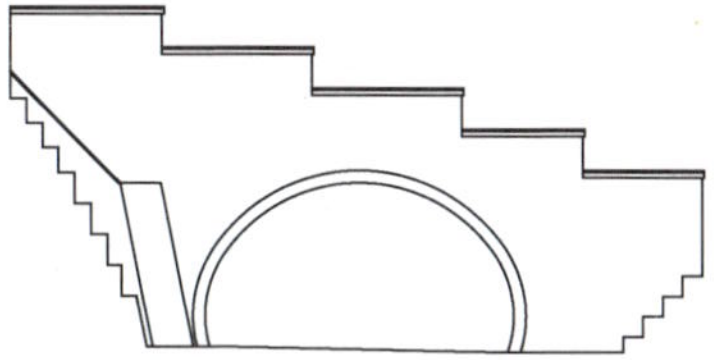		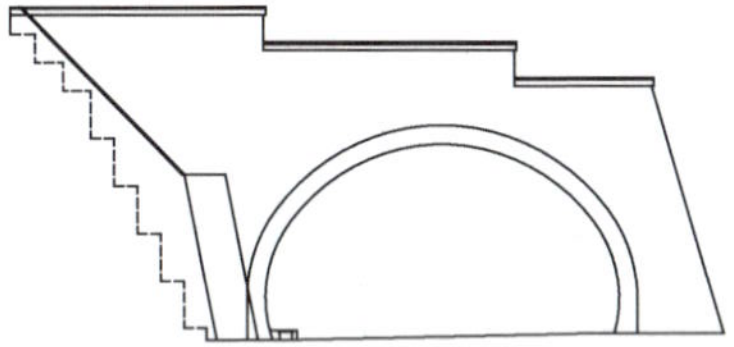	原设计采用回填水泥混合土解决进洞问题，现场施工过程中回填坡度缓，故端墙可做平；洞外基本已无高边坡，可取消翼墙结构
围仔隧道罗定端左线	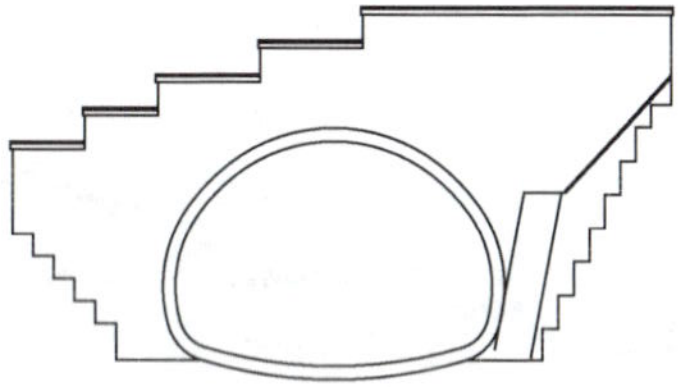		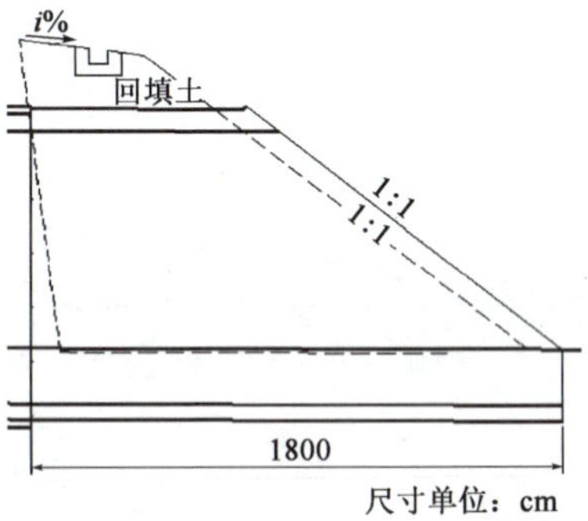 i% 回填土 1:1 1:1 1800 尺寸单位：cm	左线出口原设计为端墙式洞门，无明洞，但现场地形相对平缓，有施作削竹式洞门的条件，从后期景观效果考虑，可按1:1放坡设置明洞，需增加18m，增加费用约为50万元

续上表

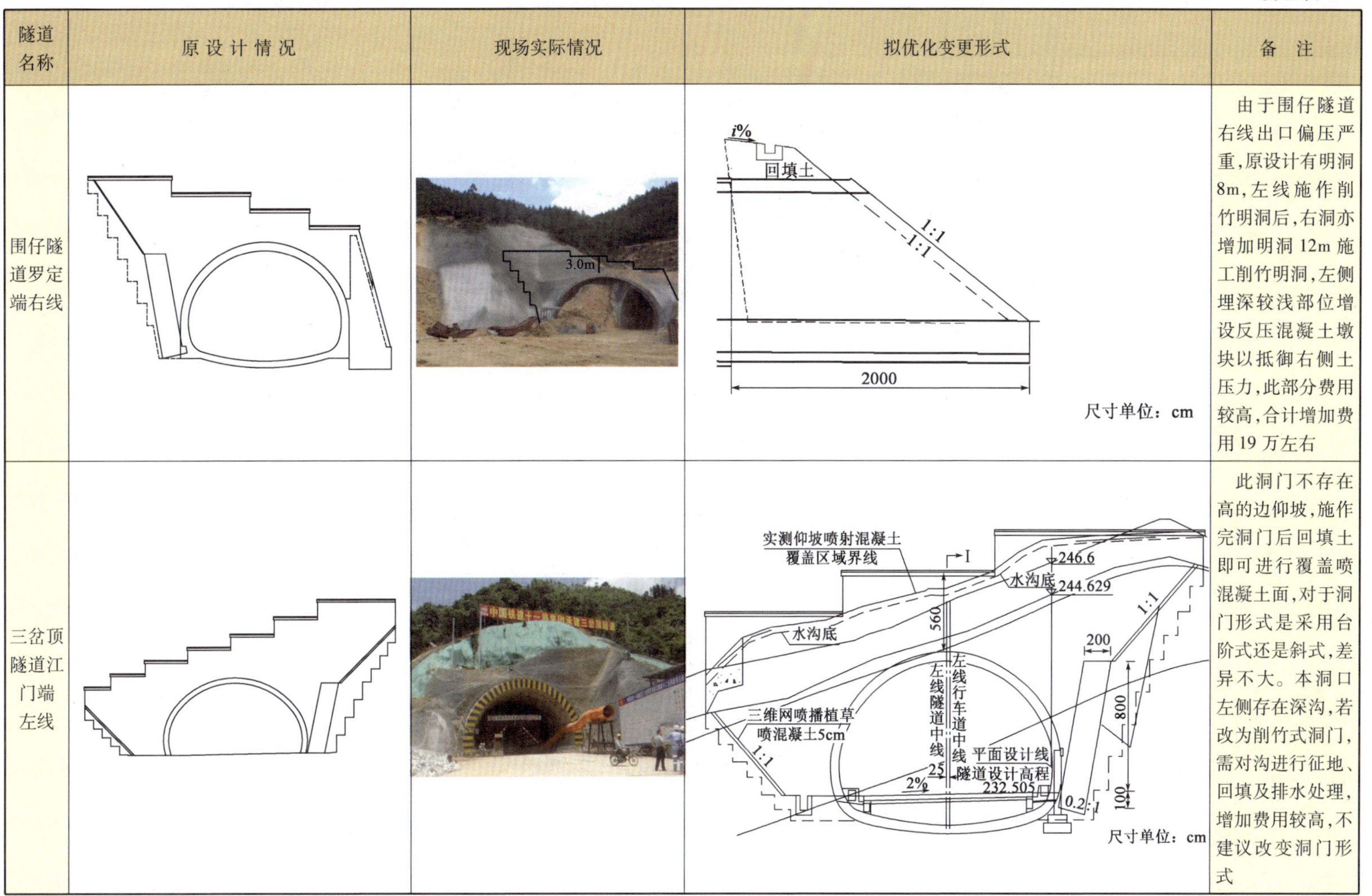

隧道名称	原设计情况	现场实际情况	拟优化变更形式	备注
围仔隧道罗定端右线				由于围仔隧道右线出口偏压严重，原设计有明洞8m，左线施作削竹明洞后，右洞亦增加明洞12m施工削竹明洞，左侧埋深较浅部位增设反压混凝土墩块以抵御右侧土压力，此部分费用较高，合计增加费用19万左右
三岔顶隧道江门端左线				此洞门不存在高的边仰坡，施作完洞门后回填土即可进行覆盖喷混凝土面，对于洞门形式是采用台阶式还是斜式，差异不大。本洞口左侧存在深沟，若改为削竹式洞门，需对沟进行征地、回填及排水处理，增加费用较高，不建议改变洞门形式

江罗高速公路隧道洞门形式调整建议表　　表 5-2

隧道名称		原设计洞门形式	建议调整方案	隧道名称		原设计洞门形式	建议调整方案
牛山隧道	江门端左线	端墙式洞门	优化端墙形式	围仔隧道	江门端左线	端墙式洞门	按原设计施工
	江门端右线	端墙式洞门			江门端右线	端墙式洞门	
	罗定端左线	端墙式洞门	优化端墙形式		罗定端左线	端墙式洞门	改为削竹式洞门
	罗定端右线	端墙式洞门			罗定端右线	端墙式洞门	
鸦髻岭隧道	江门端左线	削竹式洞门	按原设计施工	尖峰顶隧道	江门端左线	端墙式洞门	优化端墙形式
	江门端右线	削竹式洞门			江门端右线	端墙式洞门	
	罗定端左线	削竹式洞门			罗定端左线	削竹式洞门	按原设计施工
	罗定端右线	削竹式洞门			罗定端右线	削竹式洞门	
良洞隧道	江门端左线	削竹式洞门	按原设计施工	三岔顶隧道	江门端左线	端墙式洞门	优化端墙形式
	江门端右线	削竹式洞门			江门端右线	端墙式洞门	改为削竹式洞门
	罗定端左线	削竹式洞门			罗定端左线	削竹式洞门	按原设计施工
	罗定端右线	削竹式洞门			罗定端右线	削竹式洞门	
大顶隧道	江门端左线	削竹式洞门	按原设计施工	大石岭隧道	江门端左线	削竹式洞门	按原设计施工
	江门端右线	削竹式洞门			江门端右线	削竹式洞门	
	罗定端左线	削竹式洞门			罗定端左线	削竹式洞门	
	罗定端右线	削竹式洞门			罗定端右线	削竹式洞门	
王北凹隧道	江门端左线	端墙式洞门	取消翼墙，优化端墙				
	江门端右线	端墙式洞门	取消翼墙，优化端墙				
	罗定端左线	削竹式洞门	按原设计施工				
	罗定端右线	削竹式洞门					

（4）工程实例

围仔隧道罗定端原设计均为端墙式洞门，采用台阶形式与依山体而建，端墙体量较大（图 5-4）。

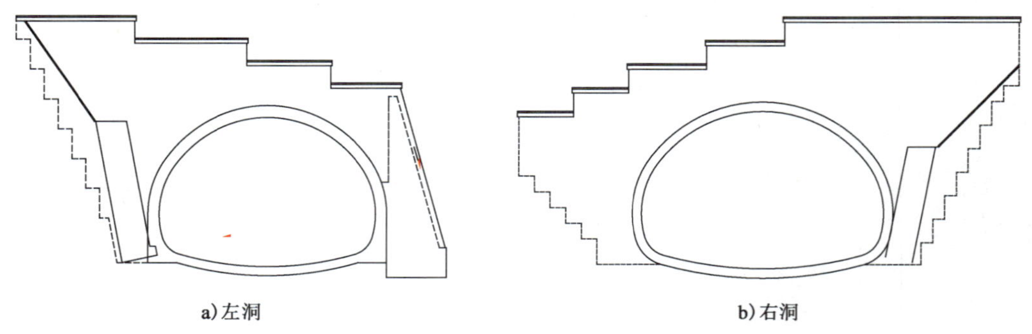

图 5-4　围仔隧道罗定端洞口原设计图

现场施工过程中左线洞口刷坡面积较小且地势相对平坦，右线洞口右侧边坡相对较高，综合考虑洞门景观，具备施工削竹式明洞条件，对于右侧二级坡，在左右洞之间设置片石混凝土挡墙平衡土压力后进行台阶式回填顺接原山体，以更好地打造景观效果（图5-5）。原设计与优化方案效果对比图如图5-6所示。

a)

b)

图5-5 围仔隧道罗定端现状

a)原设计方案

b)优化后方案

图5-6 围仔隧道罗定端洞门原设计与优化方案效果对比图

从效果图中可以看出，相较原设计，取消了端墙圬工体，减少了视觉突兀感。右线洞口可更好地融入周边环境，打造良好景观效果，但左线隧道由于仰坡较高，裸露面较大，需结合江罗高速公路隧道洞口复绿方案进行台阶式回填，之后喷播或栽种乔灌木，然后进行绿化施工。

5.2.4 结论及建议

根据本项目洞门形式优化原则，结合本项目各隧道施工现场实际情况及国内外已建成隧道洞口综合景观效果，建议后续施工过程中：

（1）对隧道选址进行充分比对，尽量避免高边仰坡的出现，在平衡山体及隧道结构稳定性的前提下：

①隧道洞门形式的选择，应简洁、大方，避免过于沉重或过多修饰，融于周边环境。

②对于洞口地形较平坦的隧道，以削竹式明洞为宜。

③对于洞口边仰坡无法避免的进行大刷坡的隧道，宜结合洞口地形及后期洞口景观通盘考虑，洞门依山势而建，尽量与原山体相协调。

(2)施工阶段各施工单位应在遵守原设计的同时，充分利用施工经验及对现场的熟悉程度，因地制宜地进行洞口边仰坡开挖，提出洞口施工优化意见，尽量“零开挖”进出洞。

5.3 “零开挖”隧道洞口施工工法

5.3.1 工法原理

隧道洞口是隧道施工中最为困难的地段，传统的方法一般是洞口边仰坡开挖、防护，达到一定的进洞条件后再进洞施工，这时已经形成了较大高度的边仰坡，有些洞口采用接长明洞回填绿化的方法加以补救，这对于原生植被的破坏却是不可恢复的。

采取自然进洞的原则，合理确定洞口位置和进洞方案，正确安排施工步骤，并借助一些辅助施工措施提前进洞，就有可能有效地解决隧道洞口的工程隐患和保护洞口自然环境。

“前置式洞口”亦称“假拟洞口”，它不是真正意义上的暗挖洞口，强调的是一种洞口施工方法。前置式洞口方案采取不切坡(即“零开挖”)进洞方法，在洞外不开挖山脚土体的情况下，采用两侧开槽逐榀施作工字钢拱架，随着钢拱架推进逐渐“亲吻”山体，拱架间以纵向钢筋连接为整体，浇筑混凝土形成临时衬砌，在进洞前以临时衬砌成洞，回填反压后再进行临时衬砌内暗挖施工。而传统方法的明洞则是在洞口大挖大刷，暗洞施工一定距离后再施作(图5-7)。假拟洞口方案不同的是：在进行暗洞施工前先形成临时衬砌作为微开挖边仰坡的防护措施，这样可保全洞口山坡及原生植被免遭破坏，大大减少洞口仰坡开挖及防护工程量，这是保证仰坡稳定较为理想的方法。对于上下行分离式设置的隧道，不仅可以保护单个洞口的山坡和植被，更重要的还可以避免两洞间“土埂”的开挖(图5-8)，这样既可保护两洞间土埂上的原生植被又可借助土埂维持两洞口山体的稳定。

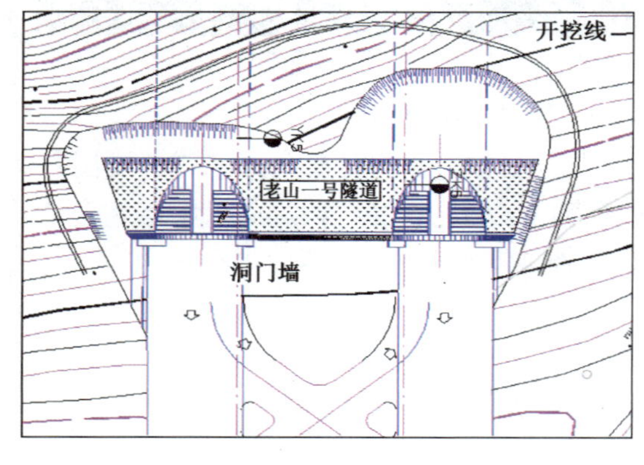

图5-7　采用“传统施工方法”的洞口平面

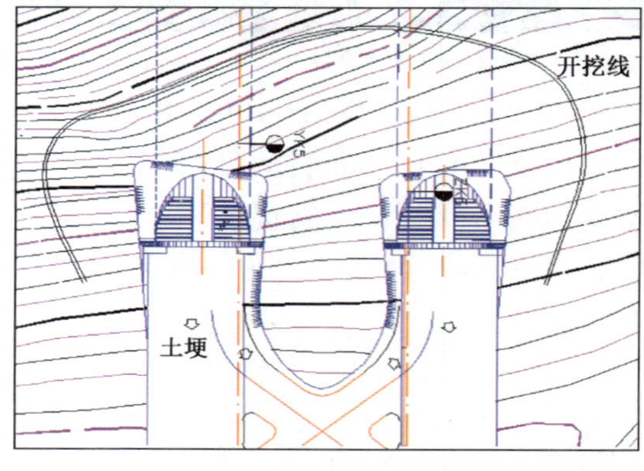

图5-8　采用“前置式洞口工法”的洞口平面

前置式洞口工法开挖顺序(图5-9)为：左洞施工槽开挖→左洞施工槽喷锚支护→左洞前置支护钢拱架架立→左洞前置支护混凝土浇筑→左洞回填→左洞前置支护内开挖→左洞衬

砌。右洞口基本相同。施工中，关键是尽量缓慢延迟洞内核心土(小土埂)的挖出时间，并永久保留两洞之间的大土埂。

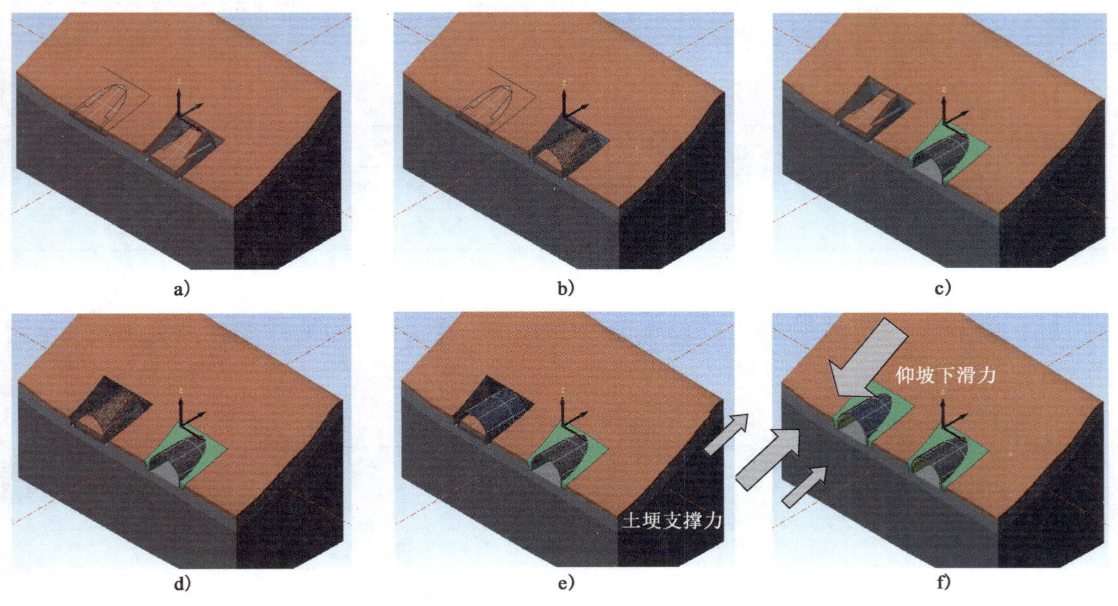

图5-9　用“前置式洞口工法”开挖的部分施工顺序

5.3.2　尖峰顶隧道“零开挖”进洞

尖峰顶隧道处于大云雾山脉，植被茂密，自然生态环境良好。按照原设计罗定端左洞洞口开挖最宽达37m，深达15m，在洞口大挖大刷，暗洞等施工一定仰坡高度后再施作。尖峰顶隧道的修建势必影响附近的自然环境，破坏部分原生植被。

为了实现自然生态系统良性循环，维护国家生态环境安全，不仅要求公路能够方便、迅达、安全、舒适、清洁，更要注重公路的美观、公路与周围生态环境的和谐性，以及公路建设引起的生态可持续性问题。在尖峰顶隧道罗定端左洞采用前置式洞口工法进行施工，保证隧道周围原生植被破坏最少，隧道建成后与周围环境协调共存，以保证洞口施工边仰坡稳定及环保效应。

“零开挖”工法采取不切坡进洞方法，在洞外不开挖山脚土体的情况下，最大限度地降低洞口边坡仰坡的开挖高度，以保证山体的稳定，同时减小对洞口自然景观的破坏，具体工艺流程为：原地面实测→确定明暗洞交界点→采用两侧开槽分台阶开挖的方式逐榀施作工字钢拱架→在钢拱架上预设超前管棚导向管→浇筑混凝土形成套拱→施作超前大管棚→套拱直墙落底→拱顶回填反压→暗洞施工。

真正地实现“早进晚出”。前置式洞口工法的特点是：在进行暗洞施工前先根据实际地形形成套拱，作为微开挖边仰坡的防护措施。

零进洞施工效果分析如下：

(1)工期效益

“零开挖”进洞在施工内容上减少了边仰坡防护工程，增加了套拱长度的施工，因此，施工进度的分析也从这两方面进行对比，单洞时间对比见表 5-3。

单 洞 时 间 对 比 表 5-3

原施工项目	耗时(d)	零开挖进洞施工项目	耗时(d)
边、仰坡开挖与防护(共 5 次)	5	套拱开槽及台阶开挖	5
套拱拱部施工	5	套拱拱部施工	15
长管棚施工	12	长管棚施工	12
套拱直墙落底	2	套拱分级落底(共 5 次)	10
合计	24	合计	42

(2)经济效益

与工期效果分析相似，“零开挖”进洞经济对比也是从边仰坡防护工程和前置式洞门工程两个方面进行对比，见表 5-4。

经 济 效 益 对 比 表 5-4

罗定端左线边仰坡防护工程			零开挖进洞前置式洞门		
工程项目	数量	金额(元)	工程项目	数量	金额(元)
C20 喷射混凝土	47m^3	38789.5	I18 工字钢	22 榀	362817
三维网植草	386m^2	11184.3	ϕ22 钢筋	32 根(64m)	2422.1
ϕ22 砂浆锚杆	1171.14kg	52855.2	ϕ108×6 管棚	49 根(2009m)	670905
钢筋网	640kg	4448	C20 套拱混凝土	299.2m^3	113991
I18 工字钢	3 榀	49475.1	C20 挡墙	12.2	7227.5
ϕ22 钢筋	32 根(64m)	2422.1			
ϕ108×6 管棚	49 根(1470m)	490906.5			
C20 混凝土	40.8m^3	15544.3			
合计		665625	合计		1157362
罗定端右线边仰坡防护工程			零开挖进洞前置式洞门		
工程项目	数量	金额(元)	工程项目	数量	金额(元)
C20 喷射混凝土	57m^3	47042.6	I18 工字钢	27 榀	445276
三维网植草	387m^2	11184.3	ϕ22 钢筋	32 根(64m)	2422.1
ϕ22 砂浆锚杆	1600.26kg	72283.7	ϕ108×6 管棚	49 根(2131.5m)	711814
钢筋网	873kg	6067.3	C20 套拱混凝土	367.2m^3	139899
I18 工字钢	3 榀	49475.1	C20 挡墙	15.7	9252
ϕ22 钢筋	32 根(64m)	2422.1			
ϕ108×6 管棚	49 根(1470m)	490906.5			
C20 混凝土	40.8m^3	15544.3			
合计		694925	合计		1308663

(3)社会效益

随着国民经济和社会的发展，人民生活水平和环境意识的提高，环境保护为万众瞩目，而前置式洞门工法的"零开挖"进洞是以保护生态环境为前提的，在本工点施工也得到较明显的体现，将左洞原设计边仰坡开挖面积由 589m^2 减少至 293m^2，如图 5-10 所示。使洞口自然环境的破坏减到最小，基本保持了原地貌，并与洞口周边环境协调一致，融为一体，如图 5-11 所示。

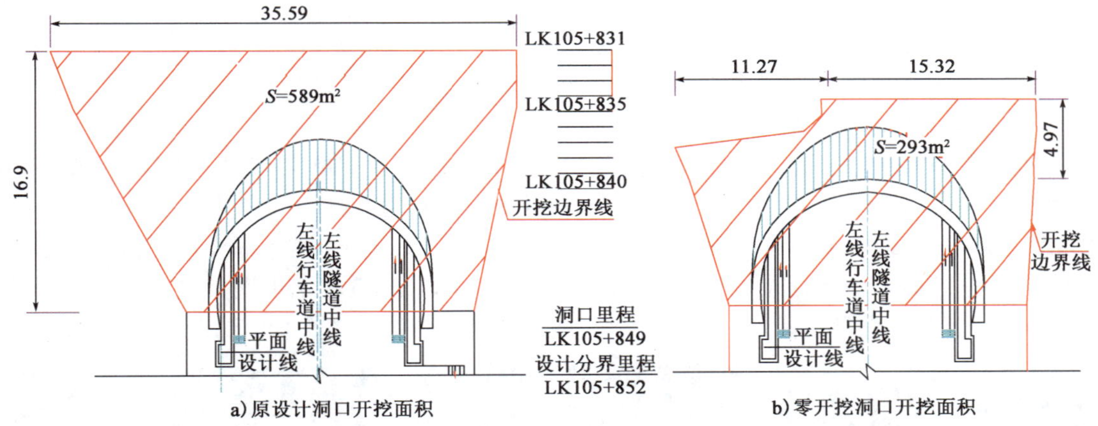

图 5-10　原设计与零开挖方案开挖面积对比(尺寸单位:m)

图 5-11　照片左边为正常开挖，右边为零开挖效果

5.4　隧道洞口边仰坡复绿施工

5.4.1　一般性问题

目前隧道洞口绿化方式主要有铺草皮护坡、三维网喷播植草、植生带护坡、土工格室植草护坡、锚杆格梁客土喷播、浆砌片石骨架植草护坡、有机基材喷播植草护坡等。

边仰坡绿化存在的问题：

(1)设计过程中对隧道洞门选址或洞门形式选择不妥，造成边仰坡较高，给复绿施工造成困难，如尖峰顶隧道仰坡高达三级坡。

(2)三维网喷播植草等传统复绿方式，或多或少存在需破除原边仰坡喷射混凝土防护后进行绿化的问题，一方面对坡体安全性构成隐患，另一方面是对施工成本的浪费。

（3）有机基材喷播植草等新型绿化方式，一方面为具有较强抗冲刷能力，需配合高强度网格如土工格栅等，造成单价较高；另一方面成活率不高，推广性并不高。

（4）一般复绿施工较滞后，未与隧道施工同步，造成通车时边仰坡植被覆盖率不高，影响景观。

5.4.2 洞口绿化指导方案及应用

（1）洞口绿化基本原则

为实现隧道洞口的自然、美观、协调，江罗高速公路组织设计单位、施工单位及景观咨询单位对隧道洞口现场进行多次勘察，结合边仰坡开挖实际，对隧道洞门形式及复绿方式进行了优化设计，确定洞口复绿基本原则为确保洞口边仰坡稳定的前提下，尽量减少圬工面外露，同时控制造价，并突破以往隧道洞口复绿施工滞后的瓶颈，要求隧道施工中期及早进行绿化，确保通车前边仰坡与周围环境融于一体。绿化完成后达到的效果如图5-12所示。

a）削竹式洞门绿化效果

b）端墙式洞门绿化效果

图5-12　削竹式洞门防护图

（2）洞口绿化指导方案

本着上述原则，考虑边仰坡初期喷射混凝土支护对坡体安全的重要性，对本项目隧道洞口尽量保留边仰坡喷射混凝土的基础上，采取阶梯状回填加三维网喷播植草灌的方案进行复绿，洞门边仰坡具体复绿方案遵照以下建议：

①对于仰坡高度小于10m的洞口，建议采用一坡回填，施工时注意回填土与周围山体的自然顺接，并控制回填坡率，防止失稳。如仰坡坡率应缓于洞口坡率，若洞口拱圈坡率为1∶1，仰坡坡率应为1∶1.25，如图5-13所示。

②对于仰坡高度大于10m的洞口，视仰坡高度及坡率情况对第二级仰坡面直接破除喷射混凝土回填或码砌土袋回填，一般土袋码砌高度不宜大于8m，同时采取适当方式加强土袋与山体的联系，如图5-14所示。

③若采用上述两种方法后仍有部分喷射混凝土面外露，视外露面高度情况采取直接破除喷射混凝土面绿化，在回填平台处栽种乔灌木及攀爬类植物遮盖坡面，或在仰坡喷射混凝土面掏洞种植灌木等方式进行绿化。

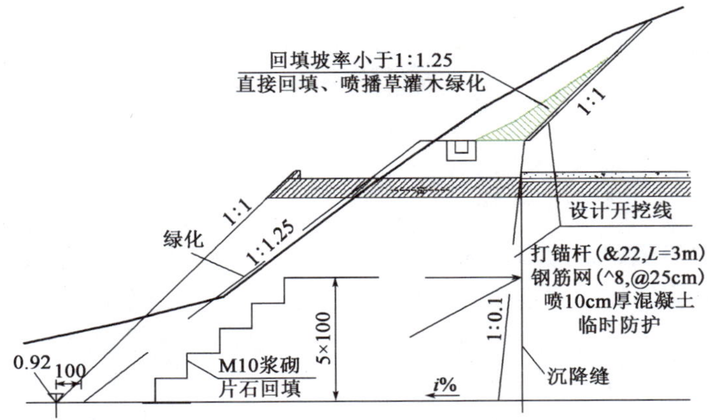

图5-13 仰坡坡率小于1:1时回填方式(尺寸单位:cm)

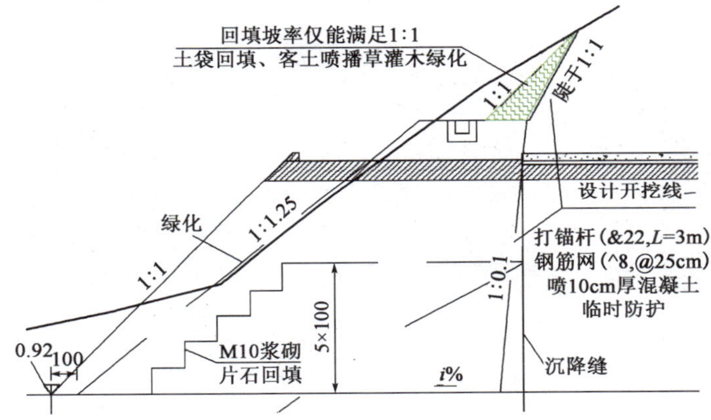

图5-14 仰坡坡率大于1:1时回填方式(尺寸单位:cm)

(3)洞口绿化植被选择

洞口边仰坡绿化植物应尽量选择与当地生态系统相协调的物种,最大限度地融入周边环境。

①绿化过程中要注意乔木、灌木种子的比例及用量,冷、暖季型草种搭配要合理,比例宜控制在1:1左右,此外,应注意草种与灌木、乔木种子的合理搭配,控制比例在1:4~1:3之间,乔、灌木种子做催芽处理,边坡种子用量按20~25g/m^2控制。

②在物种选择方面,草种可以选择狗牙根、糖蜜草、黑麦草为主,辅以紫花苜蓿、多系列早熟禾等;乔木、灌木种选择多花木兰、紫穗槐、黄花决明、银合欢等。

③若绿化后局部位置效果欠佳,可采用袋苗点栽的乔木、灌木,如刺槐、坡柳、合欢、木荷、盐肤木、马尾松等,以及爬山虎、油麻藤、葛藤等攀缘类植物。

(4)实施应用细点

①结合目前现场各隧道实际地形及刷坡情况,本着尽量与周围环境相协调,洞门简洁、大方的原则,将三岔顶隧道江门端右线及围仔隧道罗定端左、右线端墙式洞门调整为削竹式洞门,以期尽量与周围环境相协调。

②对于码砌土袋回填的坡体,应采取挂网与原锚喷体焊接等方式进行巩固,以防止码砌体

脱离原锚喷坡面，造成事故，同时，码砌体的坡率一般不应大于1:1。

③对于施工过程中出现滑塌，自稳能力较差的仰坡，如大石岭隧道罗定端左线洞口，边坡防护前需先对已开裂缝隙进行防水处理，同时为保证仰坡稳定，采取仰坡分台阶开挖卸载，在挖填台阶交界处铺设一层钢塑双向土工格栅后回填压实。

（5）应用案例介绍

鸦髻岭隧道作为本项目第一个开工的隧道，其洞口绿化亦最早进行，现以鸦髻岭隧道为例，将江罗高速公路隧道洞口边仰坡绿化方案与原设计进行对比。江罗高速公路隧道边仰坡绿化方案确定前，鸦髻岭隧道罗定端洞口仰坡已按原设计进行洞顶回填及绿化，高陡的喷射混凝土坡面裸露，植被以草为主，绿化效果欠佳，后要求其按照优化方案进行边仰坡重新绿化。

①鸦髻岭出口土建设计方案

鸦髻岭隧道原土建设计，明洞施工完成后，对明洞部分进行回填，底部采用浆砌片石回填，顶部采用土回填，回填坡率为1:1.25，对回填以上的临时边仰坡直接进行绿化，如图5-15、图5-16所示。

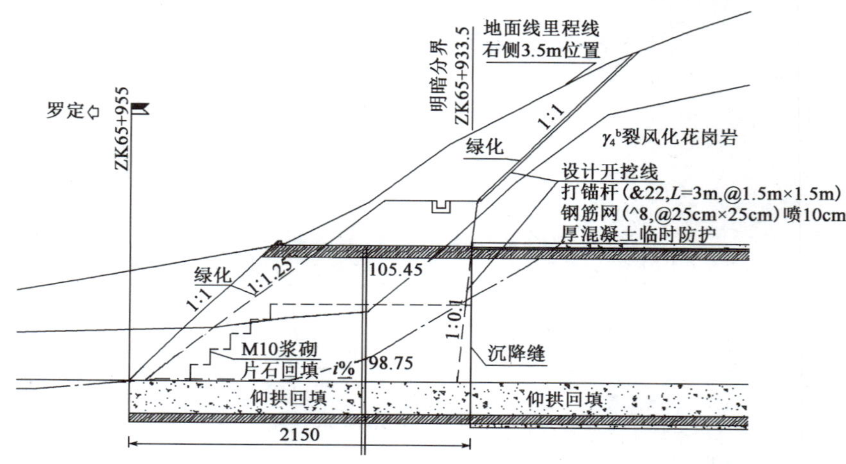

图5-15　罗定端左线洞口原设计回填绿化（尺寸单位：cm）

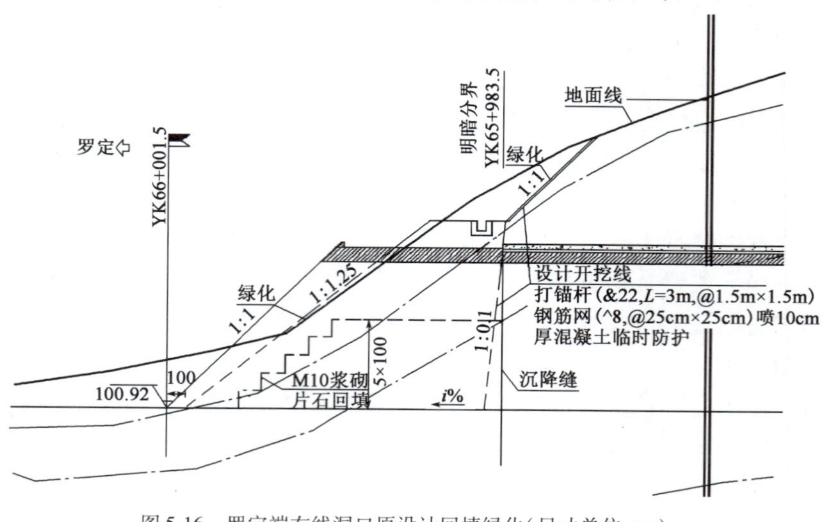

图5-16　罗定端右线洞口原设计回填绿化（尺寸单位：cm）

②鸦髻岭出口复绿工程优化方案

a. 右洞洞口临时边仰坡高度不高，按原土建设计进行明洞回填后，剩余坡面低于 10m，直接采取一坡回填，直接与山体顺接，回填坡形应避免一刀切，坡脚、坡顶应导弧处理；仰坡坡率应缓于洞口坡率，洞口拱圈坡率为 1:1，回填仰坡坡率采用 1:1.25。

b. 左洞洞口按原土建设计完成明洞回填后，剩余临时边仰坡较高，高度达 11m，无法直接按原地形进行回填复绿，对底部 8m 采用土袋码砌回填，回填坡率采用 1:1，回填尽量顺接周边地形，为加强土袋与喷射混凝土体的稳定，局部破除喷射混凝土体，并采用锚杆联系、加固；剩余 3m 无法遮蔽喷射混凝土体，不强行回填绿化，采用栽植攀缘植物遮蔽。

③复绿施工完成后现状（对比图 5-17、图 5-18）

图 5-17　原设计方案回填图

图 5-18　复绿后照片

从图 5-17 及图 5-18 可以看出，原设计方案存在较大面积喷射混凝土裸露面，需破除后直接进行绿化，致使仰坡与原地面连接不顺，有明显突兀感，采用优化方案进行回填复绿后，可尽量使码砌土袋与周边地形相结合，使仰坡与原山体更契合，对于局部位置，后期可采用攀缘类植物或栽种部分灌木，尽量减少仰坡与原地面之间的差异。

（6）结论及建议

①依托江罗高速公路隧道洞口复绿工程实际，对隧道洞口采取阶梯状回填加三维网喷播植草灌的绿化方式，就目前来看获得了较理想效果，既保留了原边仰坡锚喷支护的防护作用，同时通过回填控制尽量与周围山体相协调，取得较好的景观效果，后续施工过程中可予以借鉴采用。

②对于后续隧道设计，应进行详细现场踏勘，尽量平衡山体稳定性、造价、景观之间的关系，造价变化不大的情况下，对于有条件采用削竹式洞门的隧道洞口，尽量采取削竹式洞门，同时尽量减少开挖，努力做到“零开挖”进、出洞。

③隧道施工，尤其是华南地区，雨季时间较长，雨水冲刷对边仰坡稳定性影响较大，应组织好施工，尽量早季进、出洞，同时，进洞后有条件进行洞口回填绿化施工时，及早开展复绿工作，在通车的同时实现隧道洞口景观与周围山体的完美契合。

④采用上述方案进行复绿施工时，一定要注意码砌体的坡度及其与山体之间的联系，防止出现码砌体失稳现象。

⑤复绿施工时应尽量选择与当地植被协调的草灌种，以最大限度地融入周边景观。

5.4.3 隧道洞门装饰优化

1)常见隧道洞门装饰方式分析对比

(1) 一般隧道洞门装饰方式

目前隧道洞门常用装饰方式有真石漆饰面、塑石端墙饰面、干挂石材饰面、贴瓷砖饰面、不作装饰等。

①真石漆饰面

真石漆是一种装饰效果酷似大理石、花岗岩的涂料,具有天然真实的自然光泽,适合于各类建筑物的室内外装修(图5-19)。真石漆具有质感好、易造型、耐脏耐水、抗裂防渗抗老化及环保等众多优点,但施工较为复杂,因温差、施工水平不足等原因,易造成平面裂缝、阴阳角裂缝及白花现象等。

a)

b)

图5-19　真石漆饰面效果

②塑石端墙饰面

塑石端墙饰面是以钢骨架支撑,由钢筋网塑形,再覆着GRC浆料后塑造逼真石景,近年来广泛运用于园林、高速公路装饰景观,具有易塑形、质量轻、强度高的优点(图5-20)。

a)广乐高速公路乐昌5号隧道

b)广乐高速公路张溪隧道

图　5-20

c)广珠西线高速公路隧道

d)重庆云万高速公路隧道

图5-20 塑石端墙饰面效果

③干挂石材、贴瓷砖饰面

干挂石材和瓷砖饰面是隧道洞门最常采用的装饰方式，具有坚固、不易风化、易维护清洗的优点(图5-21)。

a)二郎山隧道

b)重庆云万高速公路隧道

c)茅坪隧道

d)博深高速公路隧道

图5-21 干挂石材、瓷砖饰面效果

④不作装饰类

隧道洞门可不作装饰，可在端墙面做竖向或横向线条凸显立体感，层次分明，简洁现代，打造自然和谐的行车氛围（图 5-22）。

a）肖家岭隧道

b）广乐高速公路大源2号隧道

c）广乐高速公路杨溪隧道

d）渝湘高速公路葡萄山隧道

图 5-22　不作装饰类效果

（2）各类装饰优缺点对比

各类不同装饰材料的优缺点对比如表 5-5 所示。

不同装饰材料优缺点对比　　表 5-5

装饰名称	干挂花岗岩	瓷砖贴面	涂料涂装	真石漆饰面	文化石饰面	塑石	不装饰
单价	380 元/m²	80 元/m²	80 元/m²	140 元/m²	180 元/m²	500 元/m²	0
优点	平整、美观	平整	适合局部修饰	色彩丰富、容易控制	自然、美观	易造型、可塑性强、质量轻、稳定	现浇成形、无须二次装修
缺点	价格高、质量中	价格低、反光、易脱落	价格低、缺少变化	人工痕迹较重	仅适合低矮处、易脱落处	价格高	色彩单调

从表 5-5 可以看出，干挂花岗岩与塑石装饰造价较高，一般干挂花岗岩多应用于城市隧道，塑石装饰多用于岩石出露的隧道洞口，目前应用比较广的是瓷砖饰面、真石漆装饰、涂料装饰、不装饰等几种。

2)江罗高速公路隧道洞门装饰优化理念

江罗高速公路的建设理念是“安全耐久、优质美观、环保节约”,追求的隧道洞口效果是安全、自然、视野开阔,从与环境协调方面出发,端墙不应追求宏伟华丽,应尽量减小端墙体量,通过端墙线形的打造,注重结构美,减少端墙的呆板、生硬感,避免过多的装饰。

3)江罗高速公路隧道洞门装饰优化方案

(1)一般原始台阶式端墙体量较大、造型呆板(图5-23),与环境极其不协调,在不改动其土建结构的基础上做装饰,只会令端墙更加笨重、呆板。

a)

b)

图5-23　原始洞门形式呆板

(2)本项目原设计端墙面为平面,采用瓷砖或大理石贴面装饰,建议在保证端墙结构安全的前提下,对土建结构做整体优化处理,减少端墙体量,不再做后期装饰处理,简洁大气,与环境更为融合,推荐端墙体采用竖向线槽分割,增强立体感及层次感,辅以洞口回填绿化,营造自然氛围(图5-24)。

a)原设计效果图

b)优化后效果图

图5-24　隧道洞门原设计及优化效果对比图

(3)端墙装饰线条选择。对于竖向线槽的尺寸及间距,可从图5-25所示的效果图景观效果进行对比分析。从图5-25可以看出,竖向线槽尺寸过大易引起视觉突兀感,充分结合景观设计及土建设计单位意见,端墙土建结构按照洞门优化建议进行相应体量优化后按土建设计图施工,在端墙面采用间距3m、宽40cm竖向线条分割端墙,后期绿化过程中,通过洞口攀缘或垂吊类植物的覆盖效果,达到与自然的协调统一。

a)

b)

图 5-25　线槽尺寸对比图

(4)取消洞门瓷砖及花岗岩贴面,隧道洞门工程造价减少情况如表 5-6 所示。

江罗高速公路隧道取消洞门装饰造价变化情况表　　表 5-6

序号	名　称	洞口位置	造价估算(万元)	
			增 减 项 目	造价增减
1	牛山隧道	江门端	①取消贴瓷砖 4.5 = ②造型调整 4	-0.5
		罗定端	①取消贴瓷砖 5.1 = ②造型调整 4 万	-1.1
2	王北凹隧道	江门端	①取消侧挡墙 10 = ②取消贴瓷砖 12;③造型调整 2	-20.0
3	围仔隧道	江门端	①取消贴瓷砖 18 = ②造型调整 5	-13.0
4	尖峰顶隧道	江门端	①取消贴瓷砖 16.9 = ②造型调整 3	-13.9
5	三岔顶隧道	江门端	①取消贴瓷砖 16.8 = ②造型调整 2.5	-14.3
合计				-74.6

5.5　隧道内装饰优化

5.5.1　隧道常用内装饰手法

目前隧道常用的内装饰手法主要有不做装饰、瓷砖装饰、防水涂料装饰、板材装饰等几种。

(1)隧道内不做装饰

不做任何装饰,可节省造价,但隧道内的环境污染严重,特别是酸性物质的污染,对二次衬砌混凝土危害较大,且不易清洗。此外,为提高隧道墙面反光率,增大照明效果,兼顾洞内美观的同时对进洞后驾驶员的视线进行诱导,提高行车安全性,故一般不建议此种装饰方案。洞内不做装饰的效果如图 5-26 所示。

(2) 瓷砖装饰

目前隧道内装饰最常用的是瓷砖边墙加拱顶防火涂料涂装的方法,瓷砖装饰耐久性好,利于维护和清洗,瓷砖的反光效果可以明显改善洞内照明效果,加强隧道内的装饰效果;缺点是存在脱落的可能性，影响行车安全，面积较大的瓷砖后期运营过程中易开裂等。

a)

b)

图 5-26 不做任何装饰的隧道内观

一般隧道内瓷砖装饰均设置 1～2 条亮色诱导线以引导行车，较常用瓷砖尺寸为 200mm × 100mm、400mm × 200mm、600mm × 300mm 等，拱顶采用近混凝土色或米黄色等浅色防火涂料涂装。

①广东省外项目隧道瓷砖装饰情况调研，如图 5-27 所示。

a)土木林隧道

b)牛河梁3号隧道

c)榆树林隧道

d)洋碰隧道

图 5-27

e) 终南山隧道

f) 椒金山隧道

g) 重庆向阳隧道

图 5-27　广东省外项目瓷砖装饰情况

②广东省内项目隧道瓷砖装饰情况调研，如图 5-28 所示。

a) 博深高速公路隧道

b) 西线隧道

c) 云罗罗岭隧道

d) 西部沿海猫山隧道

图　5-28

e) 西部沿海大尖岭隧道

f) 博深高速公路隧道

g) 广乐高速公路隧道

图 5-28 广东省内项目瓷砖装饰情况

(3) 防水涂料装饰

防水涂料装饰单价相对较低，且可采用深色的拱顶色与浅色边墙色相搭配，使隧道内部空间在视觉上达到扩张的效果，色彩的协调搭配有利于减轻进出隧道时对人视觉上产生的明暗效应，提高行驶舒适性；但也有一定的缺陷，比如易脏、不易清洗，不同颜色交叉作业时易污染等。隧道内防水涂料涂装效果如图 5-29 所示。

a) 重庆华福隧道

b) 重庆北碚隧道

图 5-29

c）汕梅高速公路隧道

d）香德路隧道

e）西汉高速公路隧道

f）龙贯山隧道

图 5-29　隧道内防水涂料涂装效果

（4）板材装饰

目前装饰板主要应用于城市隧道，具有隔音吸声、降噪、A 级防火防潮、耐腐蚀、抗老化、环保、美观等功能，但造价较高，远高于涂料及瓷砖装饰，此外，因必须要有龙骨支撑，施工难度较高，施工较复杂。隧道内板材装饰效果如图 5-30 所示。

a）孙家坡隧道

b）深圳凤凰山隧道

图　5-30

c)海南大茅隧道

d)厦门海沧隧道

e)终南山隧道

f)湘江营盘路隧道

g)胶州湾海底隧道

h)宝轮隧道

图5-30 隧道内板材装饰效果

5.5.2 常用隧道洞内装饰手法优缺点对比

上述各种装饰手法在成本、耐久性、后期养护难易程度等方面对比如表5-7所示,从表中可以看出,综合各方面因素考虑,防火涂料加瓷砖饰面的组合和防火涂料装饰两种方式在隧道内装饰过程中具有一定优势,防火涂料加涂装组合虽成本低、景观效果好,但耐久性及后期养护存在明显缺陷,防火涂料加装饰板的组合单价过高,不适用于山岭长大隧道。

隧道内装饰材料优缺点比较一览表 表 5-7

隧道内材质	成本	耐久性	景观效果	后期养护	单价(元/m^2)
防火涂料＋涂装	较低	较短	佳	不易维护	90
防火涂料＋瓷砖饰面	适中	较长	尚可	易维护	200
防火涂料＋装饰板	偏高	较长	尚可	易维护	360
防火涂料	低	长	一般，满足功能	无须维护	50

5.5.3 江罗高速公路隧道内装饰比选及推荐方案

综合考虑上述各因素，从经济性、耐久性、景观性及后期维护多方面考虑，本项目隧道内饰设计景观建议采用边墙瓷砖饰面加拱顶涂装的方式，利于维护和清洗，同时增加了隧道内的装饰效果，既经济又美观；用醒目色在两侧增加色带，对行车可以起到一定的警示及导向作用，中、短隧道隧道内采光、通风一般较好，可视情况采用防火涂料涂装。

(1)瓷砖饰面

一般隧道内瓷砖饰面依隧道内轮廓装饰成弧线形，亦有隧道采用大尺寸瓷砖施作竖直边墙后留有明显转折线，无论何种线形，均选用亚光釉面瓷砖，反射光的同时减少对驾驶人员眼睛的刺激，同时在边墙设置一条或多条诱导线引导驾驶。

①瓷砖饰面建议色彩搭配

瓷砖饰面主要有以图 5-31 中所述乳白色瓷砖装饰、渐变色装饰、亮色诱导线装饰等几种类型搭配形式。

图 5-31 瓷砖饰面建议搭配色彩

②建议色彩搭配效果图

隧道内装饰效果图如图 5-32 所示。

a）单条亮色诱导线装饰

b）多条亮色诱导线装饰

c）渐变色装饰

d）折线形边墙400mm×200mm单诱导线

e）折线形边墙400mm×200mm双诱导线

f）折线形边墙600mm×300mm双诱导线

g）弧线形边墙200mm×100mm双诱导线

h）弧线形边墙400mm×200mm双诱导线

图5-32　隧道内装饰效果图

③瓷砖安装比较方案

本项目充分对博深高速公路(图5-33)、广珠西高速公路(图5-34)、广乐高速公路(图5-35)等项目瓷砖安装方案及施工运营后现场效果进行调研,从瓷砖尺寸及具体施工方案等方面总结经验,以确定适合本项目的有特色的装饰方案。

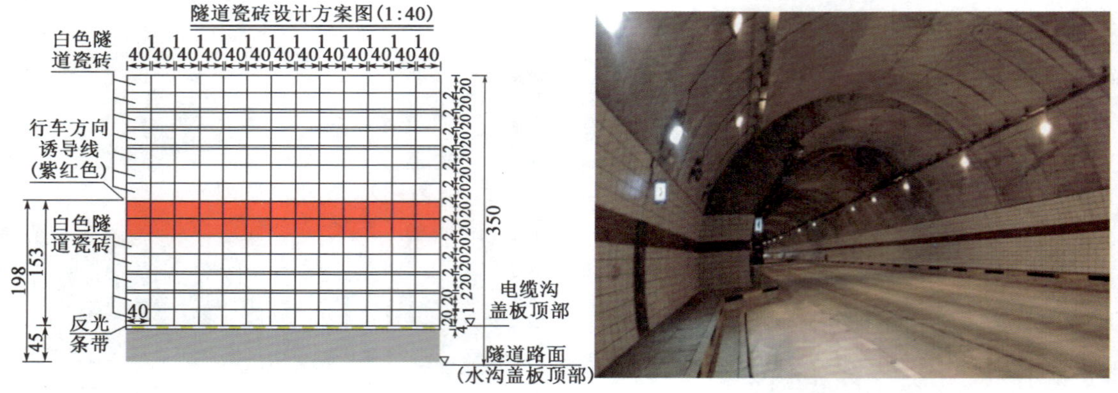

图5-33 博深高速公路隧道瓷砖施工示意图及实际效果图(尺寸单位:mm)

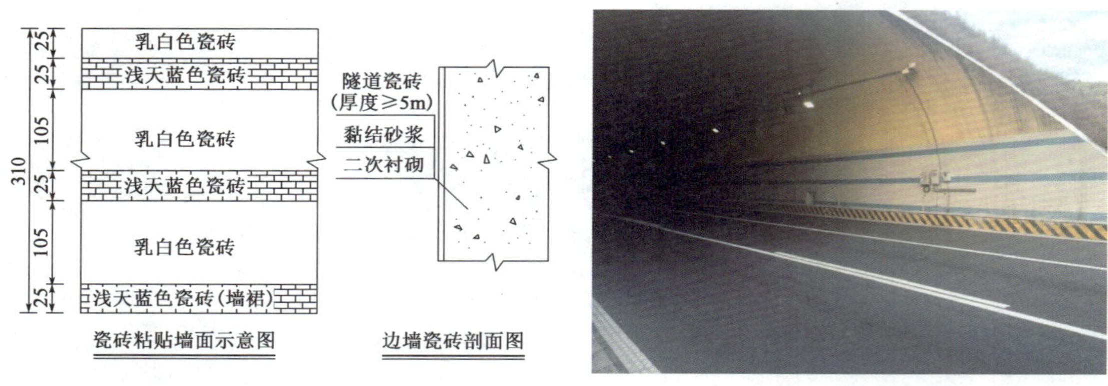

图5-34 广珠西高速公路隧道瓷砖施工示意图及实际效果图(尺寸单位:mm)

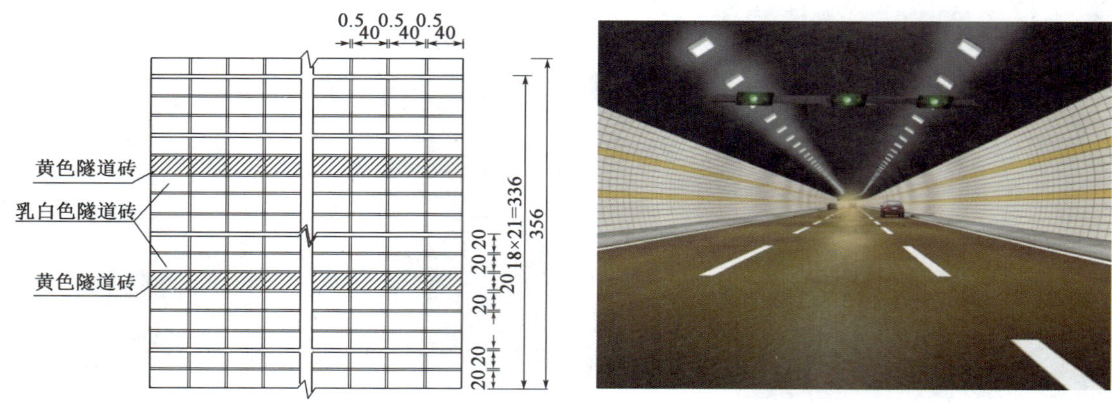

图5-35 广乐高速公路隧道瓷砖施工示意图及实际效果图(尺寸单位:mm)

④本项目隧道瓷砖饰面调整方案

充分考虑瓷砖尺寸对施工难易程度的影响、隧道内景观效果以及后期维护方便程度等方面因素，本项目隧道边墙推荐采用400mm×200mm白色亚光瓷砖，设置2条深蓝色诱导线，诱导线采用400mm×300mm或600m×300m瓷砖，隧道环向瓷砖间距10mm，纵向间距20mm，如图5-36所示。

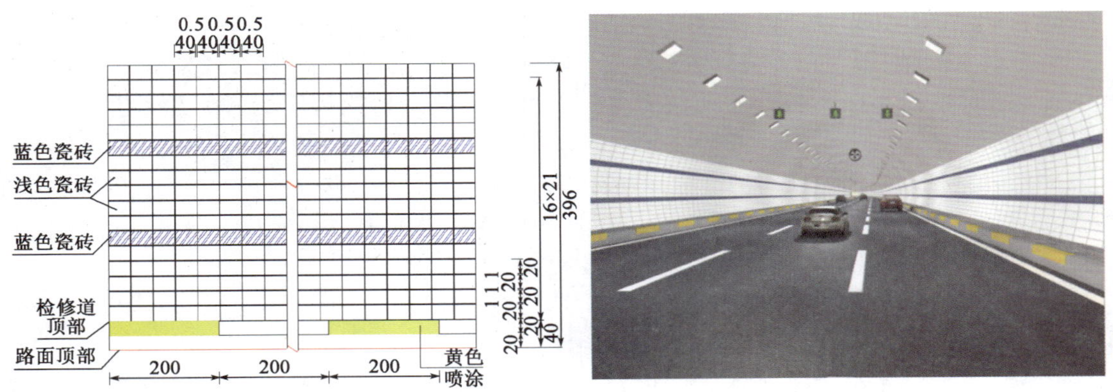

图5-36　江罗高速公路隧道内装饰调整方案及效果图（尺寸单位：mm）

（2）防火涂料装饰

对于诸如大顶隧道、围仔隧道等中、短隧道，由于隧道较短，隧道内通风、采光等条件相对于长大隧道较好，一方面污染相对较小，另一方面光线相对充足，可考虑全断面采用防火涂料涂装，满足隧道内基本功能，节省造价。

①造价对比

若中、短隧道全部采用防火涂料涂装，可节省造价390余万元，若仅短隧道（大顶隧道与围仔隧道）采用防火涂料涂装，可节约造价72万元左右。

②建议色彩搭配

防火涂料涂装建议边墙采用乳白色等浅色，拱顶采用近混凝土色或米黄色等进行涂装，有无诱导线对比情况如下，建议加设诱导线，引导驾驶。防火涂料涂装效果对比如图5-37所示。

a)

b)

图5-37　防火涂料涂装效果对比图

5.6 大跨棚洞建设技术

我国是个多山的国家，高速公路路线往往布置在沟谷、沿河、傍山地形地段，不可避免地出现许多高大边坡，给生态环境带来极大的破坏，并需要设计大量的支挡防护措施，但结果往往仍是运营期间的病害多发地段，严重影响道路的正常运营。

针对以上问题，国内在公路特别是高速公路建设中，在沿河傍山路段，现阶段一般采用路堑方案，同时也在小范围内开始使用对自然斜坡开挖扰动较小的明洞、棚架与棚洞等结构形式。

路堑方案采取拉槽放坡防护措施，一般在路基边缘根据洞口部位地形地貌、岩土体结构和特性、工程地质和水文地质条件，采取一定的坡率放坡，采取防护加固等措施防护，由于沿河傍山段大部分段落地形较陡，其放坡高度少则3台，多则5台、6台。

明洞方案是采取拉明槽再施作拱形结构，结构施工完成后再通过回填植草绿化等措施恢复原地形地貌。明洞有全封闭形式，也有半封闭形式。

棚洞方案是为了最大限度地保护环境，减小开挖及占用土地资源，目前在环境敏感及特殊地质地形条件下采用，其利用棚洞结构、回填体及临时支挡实现对公路边坡的支挡，属于高速公路建设中的新结构物。

棚洞作为一种新型的环保型结构，在以后的应用中应充分考虑当地自然地貌与生态建设，尽量减少对环境的破坏，以达到工程建设和原有环境的和谐。

棚洞主要结构特点如下：

(1)棚洞外侧为开敞式构造，可利用大气和自然采光，洞内不需要机械通风和照明，具有良好的节约能源效果。

(2)当其外侧为(朝内)倾斜结构时，对抗御山体下滑具有非常好的支挡作用。由于棚洞是框架式结构，其抗侧向推力的能力比普通支挡结构物大得多。

(3)棚洞内侧为贴岩式构造，通过边墙和顶板背面适当回填，形成半掩体结构，与山体相对整体作用，具有较好的抗震性能。

(4)通过傍山边坡与棚洞结构的相互作用，既充分发挥锚杆喷射混凝土护面的作用，又发挥棚洞结构的支挡作用，使之形成一个互为补充的完整受力体系和边坡防护工程。当棚洞与隧道洞口相连时，其断面应与之相适应，可形成半拱或全拱状，由此获得的防护效果更好。

(5)采用棚洞结构，可避免高边坡或减小高边坡规模，这在环境保护与水土保持方面具有积极意义。通过棚洞顶按一定坡率回填，种植树草或藤蔓植物，可有效地绿化边仰坡，同时，棚洞结构具有美观大方，构造轻巧的特点，与环境协调性良好。采用棚洞还可节约部分公路用地。

棚洞发展趋势主要有以下几点：

(1)采用合理的刷坡方式，减少土石方量和对植被的破坏，更大限度地保护环境。

(2)采用合理的边坡支挡方式，使边坡支护结构与棚洞结构形成完整的受力体系，充分发挥两者的支挡作用，保证整个结构的安全和道路行使畅通。

（3）加强对棚洞结构的研究，在增强棚洞结构支挡性能的同时，增加采光和通风性能，达到结构和生态和谐。

（4）采用生产精准、施工方便快捷的棚洞材料和结构形式。

基于以上发展趋势的考虑，棚洞的发展方向必将从简单的单车道发展到双车道双柱式，道路从单层式发展到双层式至三层道路，以后更必将向着复杂的立交或交互式发展。可以预见，随着交通基础设施的发展，我国还将修建更多的铁路和公路隧道，棚洞的修建技术也会有更快的进步和发展。

5.6.1 棚洞设计

江罗高速公路在金中山路段受路线右侧 S273 省道及前后路线优化的影响，该段左线右侧出现高边坡，若采用路堑方案，按照放坡开挖，边坡高度将达到 72m 左右，开挖、防护工程量较大，人为痕迹明显，对环境破坏较大，且不利于营运后的边坡维护及运营安全。从降低边坡高度、减少开挖及防护工程量、环境保护和营运安全等角度综合考虑，在 K30 + 597 ~ K30 + 720 段左线设置金中山棚洞一座。并以其为依托，对大跨异形棚洞结构施工技术进行深入研究。

金中山棚洞设置于 K30 + 597 ~ K30 + 720 段左线，棚洞限界净宽 15.5m，净高 5.0m，单向三车道。棚洞采用半拱斜柱形结构，斜柱中心间距 10m，净距 8.6m，共设置斜柱 16 根，斜柱底为整体式现浇钢筋混凝土仰拱。棚洞建筑限界及净空断面如图 5-38 所示，放坡开挖段结构断面如图 5-39 所示，采用桩锚防护段结构断面如图 5-40 所示。

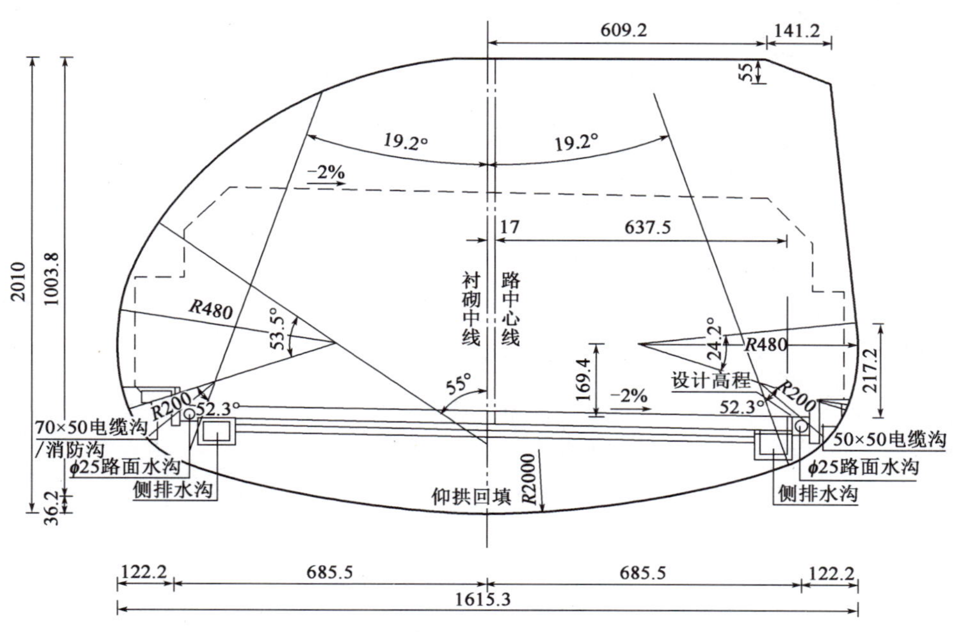

图 5-38 棚洞建筑限界及净空断面（尺寸单位：cm）

K30+700开挖防护及回填设计图
1：200
1:1
K30+700
1:0.75
264
1:2
207
5%
50cm
5%
30cm
45
66
145
1:0.5
264
589
1058
1058
ϕ100锚杆
主筋ϕ28L=10m
10%
2%
2%
C15
132
283
132
132
284
C15素混凝土
668
398
528

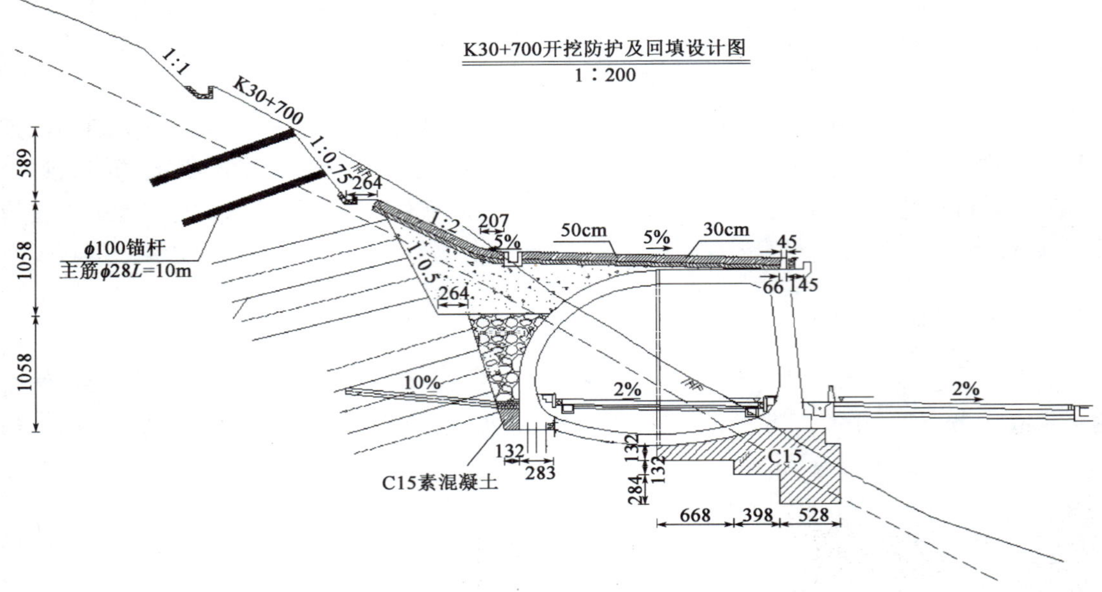

图 5-39　棚洞放坡开挖段结构断面图(尺寸单位:cm)

>500
1:1
K30+640开挖防护及回填设计图
1：200
1:1
1049
200
1000
ϕ100锚杆
主筋ϕ28L=10m
10%
200
K30+640
ϕ100锚杆
主筋ϕ28L=10m
5%
30cm
1600
衬砌中心线
行车道中心线
2%
2%
2204
C15混凝土
222
1371
331
100
1200
200

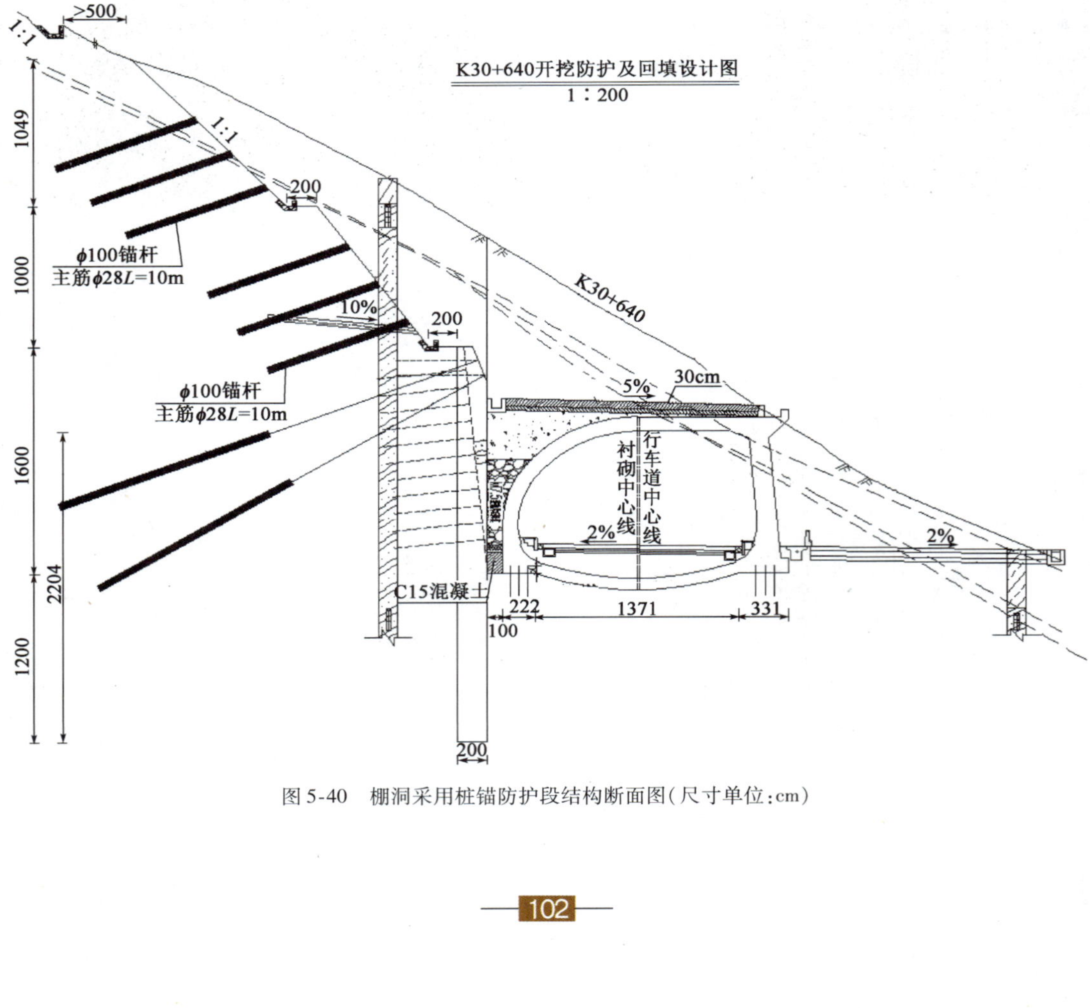

图 5-40　棚洞采用桩锚防护段结构断面图(尺寸单位:cm)

5.6.2　棚洞施工基本步序

棚洞结构建设的成败除了结构设计的可靠性外，施工过程也是成功的关键。棚洞结构的施工工序比较多，涉及的专业也很广，既有高边坡的开挖防护，又有基础的开挖浇筑，还有类似桥梁结构的斜柱、平板等结构的立模施工，如何在保证施工安全、施工质量和施工进度的前提下，将这些工序有机地统一起来，是施工组织设计的一大挑战。

棚洞结构一般采用明挖法施工，即先放边坡，再施作棚洞结构，最后反压回填，恢复地面景观。设计过程中，边坡一般按照临时边坡进行设计，因此要求棚洞结构能够及时浇筑并提供承载力，通过棚洞结构与边坡间的回填反压，达到边坡的永久稳定。边坡的开挖一般采用分段、分块的方法进行，一方面发挥边坡的空间效应，另一方面缩短边坡的暴露时间。棚洞结构的施工主要分为边坡开挖和防护、棚洞结构基础及结构施作、棚洞结构防排水施作和回填绿化四大步序。棚洞偏压结构施工如图5-41所示，台车增加侧向支撑如图5-42所示。全钟山棚洞如图5-43所示。

图5-41　棚洞偏压结构施工

图5-42　棚洞台车增加侧向支撑

图5-43　金钟山棚洞

以金中山棚洞K30+601.4~K30+690段为依托，对棚洞结构的具体施工工序说明如下。

(1)清表及坡顶截水沟施工

边坡开始施工前，应首先核查坡面范围内有无危石、松散堆积物，然后清理开挖范围内坡体表层土。并按照设计文件要求，结合实际地形施作边坡坡顶截水沟，防止雨水下渗至坡面，引起滑坡等不良地质灾害，如图 5-44 所示。

(2)三级边坡的开挖防护

边坡开挖采用逆作法，分段分台阶自上而下逐级开挖，要求旱季施工。开挖过程中应随开挖、随支护，以保证边坡施工中自身的稳定性。施工中应注意观察边坡坡顶情况，并进行边坡稳定性监测，如图 5-45 所示。

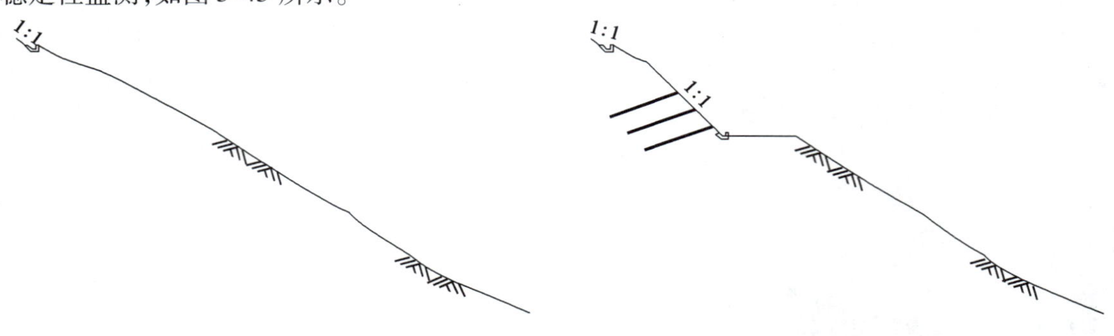

图 5-44　开挖坡顶截水沟、边坡及路基

图 5-45　三级边坡的开挖防护

(3)二级边坡的开挖防护

边坡的开挖应逐级下降，上一级边坡基本稳定后，才进行下一级边坡的开挖，边坡的防护及注意事项与上一级一致(图 5-46)。

(4)一级边坡预加固支挡结构施工

一级边坡预加固采用 1.5m×2.0m 人工挖孔桩，挖孔桩施工要求隔桩开挖，单个桩孔开挖完成后应尽早绑扎钢筋、浇筑桩体混凝土。施工中应先开挖第一环护壁，浇筑首节混凝土护壁，护壁顶高出地面 55cm，同时做好护壁锁口圈(图 5-47)。

依次进行护壁开挖、支护，每次开挖深度不超过 1m，每环护壁开挖完成后进行护壁混凝土浇筑，待混凝土强度达到设计强度的 75% 后，进行下一环护壁施作。待开挖至设计深度后将加工合格的钢筋利用吊车下入孔内，自下而上逐段进行钢筋笼孔内安装。钢筋搭接长度及同一断面内钢筋连接面积应符合相关规范要求。

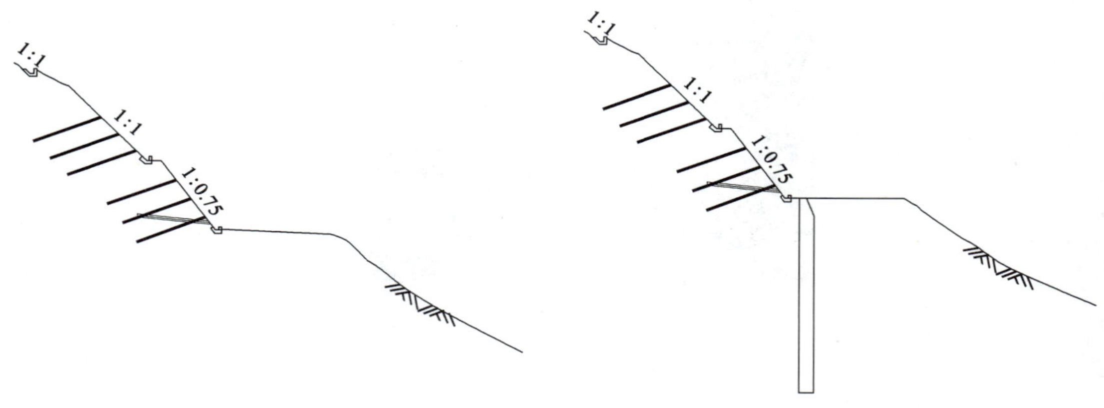

图 5-46　二级边坡的开挖防护

图 5-47　一级边坡预加固支挡结构施工

桩身钢筋安装就位后进行桩身混凝土浇筑，井口设置固定料斗支架，利用串筒注入井内。为避免混凝土骨料分离，串筒底距浇筑混凝土面控制在2m以内。桩身钢筋定位应准确，保证钢筋保护层厚度，同时应注意桩顶端锚索钢管的预埋。

(5)桩端锚索施作及一级边坡开挖防护

待桩身混凝土强度达到100%后，开始施作桩端锚索，锚索张拉力及锁定荷载按设计要求及相关规范执行，应严格保证锚索锚固段长度及锚索孔倾斜度达到设计要求(图5-48)。

在进行锚索的张拉施工之前，首先要进行锚索张拉基本试验，试验的根本目的是验证工程中所采用的锚索性质及性能、施工工艺及质量、工程设计合理性以及锚索的抗拔抗拉的承受极限等问题。其中还包括了搬运、存储、安装及施工过程中的抗物理破坏能力等。如在试验过程中发现问题，则要及时采取变更及完善施工等措施进行调整。对工程锚索的试验应在锚索施工之前进行。

锚索施工完毕后进行一级边坡的开挖，开挖时应分层、分段开挖，严禁采用爆破开挖，桩身附近开挖时应注意对桩体的保护。

桩间临时边坡防护采用喷锚防护，随开挖、随支护，坡顶应设置变形监测系统，棚洞结构施工期间应派专人对坡体变形进行记录，根据坡体变形情况随时调整支护参数，真正做到动态施工。

(6)棚洞结构桩基础施工

桩基础采用直径为1.2m的人工挖孔桩，桩长6m，桩间距为8.7m。挖孔桩施工要求隔桩开挖，单个桩孔开挖完成后应尽早绑扎钢筋、浇筑桩体混凝土。施工中应先开挖第一环护壁，浇筑首节混凝土护壁，护壁顶高出地面55cm，同时做好护壁锁口圈。

依次进行护壁开挖、支护，每次开挖深度不超过1m，每环护壁开挖完成后进行护壁混凝土浇筑，待混凝土强度达到设计强度的75%后，进行下一环护壁施作。待开挖至设计深度后将加工合格的钢筋，利用吊车下入孔内，自下而上逐段进行钢筋笼孔内安装。钢筋搭接长度及同一断面内钢筋连接面积应按照相关规范办理。

桩身钢筋安装就位后进行桩身混凝土浇筑，井口设置固定料斗支架，利用串筒注入井内。为避免混凝土骨料分离，串筒底距浇筑混凝土面控制在2m以内。桩身钢筋定位应准确，保证钢筋保护层厚度(图5-49)。

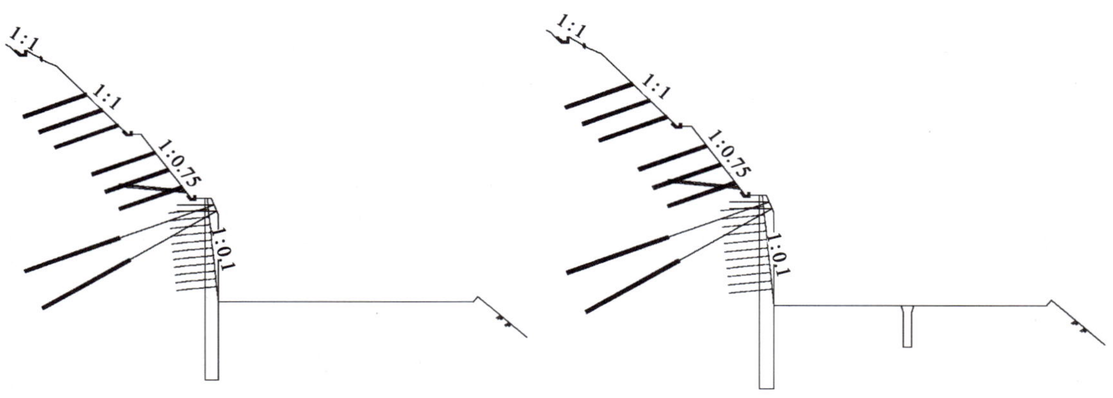

图5-48　桩端锚索施作及一级边坡开挖防护

图5-49　棚洞结构桩基础施工

(7)棚洞结构仰拱及边墙基础施工

在边坡开挖至仰拱设计高程后,应复核地基承载力及地基均匀性,若地基承载力不足,需采取换填或注浆等措施加固地基;若基底风化程度不均,需采用片石混凝土换填。然后对仰拱底部地表进行平整处理。边墙底小导管应按照设计要求的长度及布置形式施工,并按设计要求预留 50cm 伸入边墙混凝土(图 5-50)。

浇筑仰拱时应保证仰拱厚度及主筋连接长度,同时应注意斜柱钢筋的预埋及连接。

(8)斜柱施工

仰拱施工完成后进行斜柱施工(图 5-51),斜柱浇筑过程中,必须先焊接斜柱与边墙之间的搭接钢筋,然后架立模板,挂外置式振动,并且需要临时支撑,保证斜柱混凝土浇筑过程中的稳定性,待斜柱混凝土强度达到设计强度的 75% 后,方可拆模。

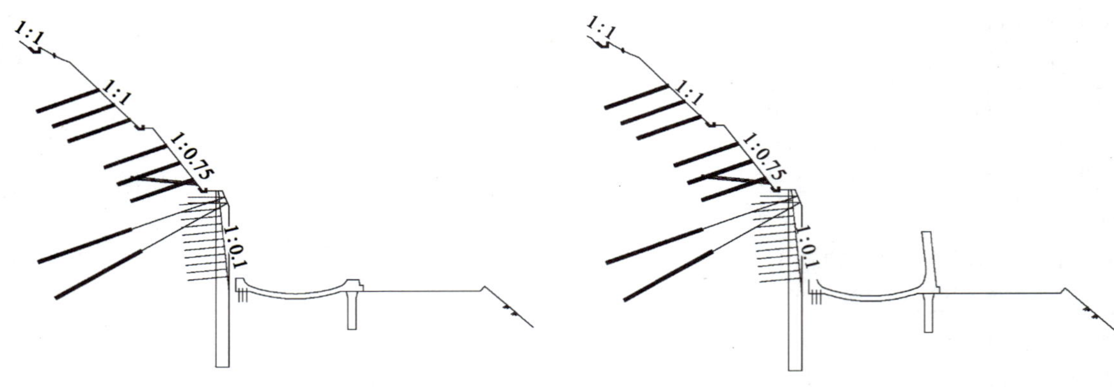

图 5-50　棚洞结构仰拱及边墙基础施工

图 5-51　棚洞结构斜柱施工

(9)托梁施工

托梁必须等斜柱混凝土强度达到设计强度 100% 时才能施工,托梁浇筑过程中应注意托梁钢筋的弯起、箍筋加密、斜柱钢筋、平板拱钢筋的预埋及搭接处理(图 5-52)。

(10)曲墙平板拱结构施工

曲墙平板拱结构施工过程中,必须对接缝进行处理,混凝土浇筑过程中应注意模板台车的水平位移问题及一个沉降缝范围内的环向施工缝纵向钢筋搭接问题(图 5-53)。

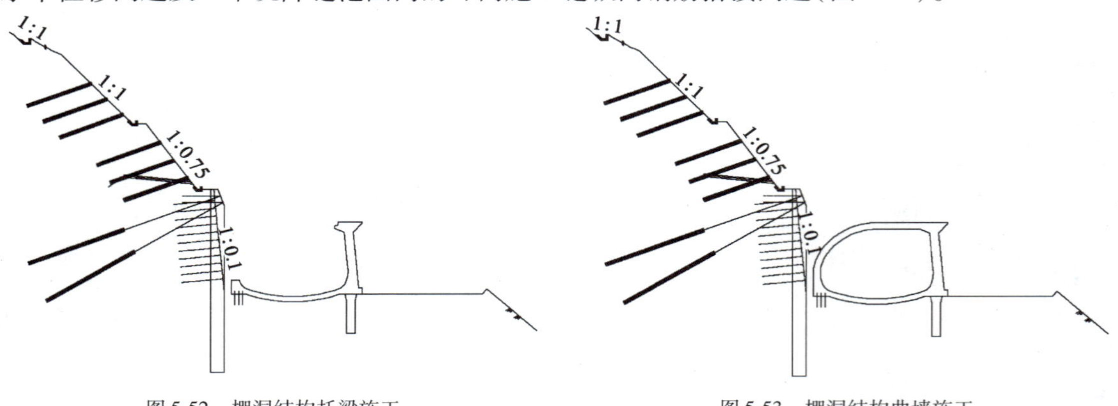

图 5-52　棚洞结构托梁施工

图 5-53　棚洞结构曲墙施工

（11）棚洞结构防水层及左侧墙背碎石盲沟施工

碎石盲沟回填前，先必须铺设好防水层，形成系统的排水通道，然后在其上采用浆砌片石回填（图5-54）。

（12）回填及植草绿化

棚洞结构与边坡间先采用 M7.5 浆砌片石回填至棚洞结构拱腰位置，其上采用碎石土回填，碎石土采用人工分层夯实回填，要求回填碎石土内摩擦角不小于40°。顶部坡面土石回填时，应采用人工回填、分层夯实，严禁在拱板上采用机械运输回填土石及夯实（图5-55）。

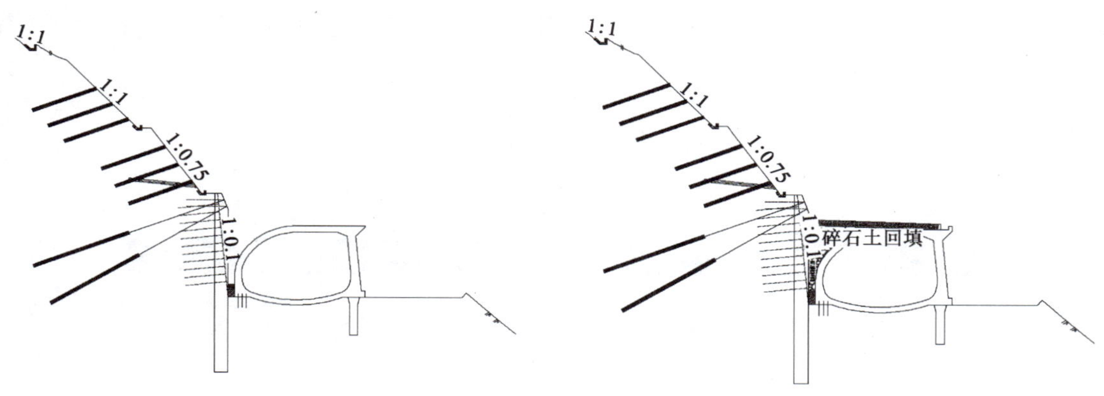

图5-54　棚洞防水及墙背碎石盲沟施工

图5-55　棚洞结构外回填及绿化

（13）棚洞结构内装饰、路面工程及边侧沟

棚洞内装饰采用瓷砖及防火涂料，施工时应按照相关规程施工，防火涂料应分层施工。仰拱回填时，应保护好预留的排水管结构。棚洞结构路面工程与隧道内做法基本相同，一般可采用沥青混凝土路面。复合式路面施工过程中，混凝土路面板可与土建部分一起施作，但路面沥青面层需专业队伍进行施工（图5-56）。

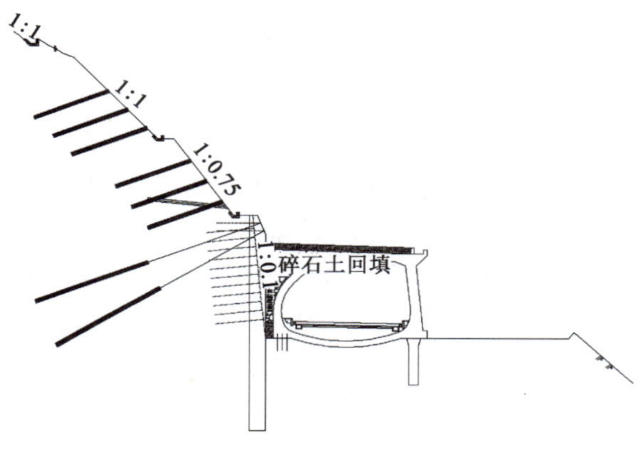

图5-56　棚洞结构内装饰、路面工程及边侧沟

5.7 公路隧道高效爆破精细控制技术

5.7.1 公路隧道岩体固液气三相不耦合爆破技术

针对传统爆破较常用的三种装药形式，即耦合装药、空气不耦合装药和水不耦合装药，只有固体炸药和气体的相互作用，存在水和空气不耦合介质优选的问题，本项目开发了一种水袋、气体、水胶炸药三相材料组合的爆破技术，通过水压爆破产生水中冲击波、射流及二次压力波等作用来增强爆破效果，并且提出一种根据围岩完整度和坚硬强度布置炮眼位置、液相与气相比例和装药量的新技术。

(1)固液气三相不耦合装药模型

本项目固液气三相不耦合装药计算模型如图5-57所示。

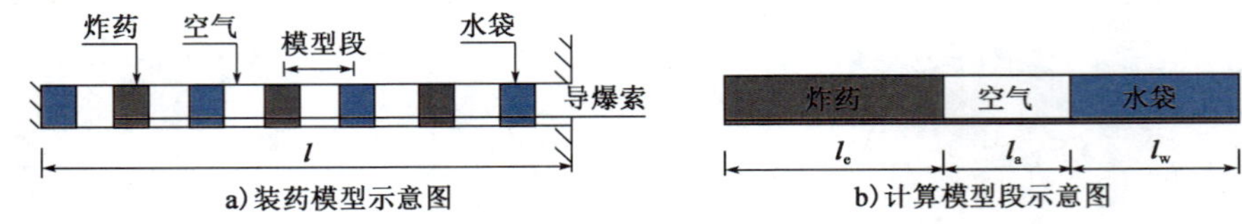

图5-57 固液气三相不耦合装药计算模型

图5-57a)为现场实际装药布置图，考虑到装药的固液气间断分布情况只需选取模型段计算即可，如图5-57b)所示。

基于热力学爆轰理论和断裂力学理论，针对现有隧道爆破施工中水和空气不耦合装药介质优选的难题，提出固液气三相爆破计算模型。分析了爆轰炮孔内压随时间的变化情况、围岩应力场随时间和空间的变化情况以及裂纹尖端应力强度因子，最后又对工程算例进行了分析。结果表明，相同装药结构下耦合装药形成的粉碎区半径最大，水不耦合装药形成的粉碎区半径大于或等于空气不耦合装药形成的粉碎区；对于不同的轴向不耦合装药系数，空气和水都存在裂隙区半径均大于耦合装药的情况；水不耦合装药爆破，延长了炮孔内压的作用时间；当轴向不耦合系数在1.6~3之间时，水介质比空气介质爆破增效的作用更强。

(2)轴向不耦合数值试验模拟

数值模拟主要数据关系如表5-8和表5-9所示。模拟方案得到如下几点结论：

①轴向不耦合装药情况下，粉碎区面积在RQD值和围岩级别相同时，随不耦合系数的增大，整体呈下降趋势，即装药量越少，粉碎区面积越小。

②在不耦合系数和RQD值不变时，随围岩级别的增大，粉碎区面积整体呈下降趋势，即围岩岩性越差，粉碎区面积越小。

③在不耦合系数和围岩级别不变时，随RQD值的增大，粉碎区面积整体呈下降趋势，即节理裂隙越多，粉碎区面积越小。

综上所述，在轴向不耦合装药爆破情况下不耦合系数越大，围岩级别越大，RQD值越大，则粉碎区面积越小，反之则越大。

粉碎区面积(m^2)与轴向不耦合系数、围岩级别和 **RQD** 值的关系　　表 5-8

ROD(%)	轴向不耦合系数(%)					围岩级别
	10	35	60	85	95	
10	0.96	0.88	0.83	0.80	0.86	Ⅱ
	0.71	0.90	0.55	0.82	0.85	Ⅲ
	0.58	0.60	1.17	0.68	0.62	Ⅳ
7	1.42	1.36	1.08	1.23	1.28	Ⅱ
	1.68	0.93	0.69	1.25	0.92	Ⅲ
	0.85	0.94	0.88	1.91	1.41	Ⅳ
5	2.71	2.33	1.53	1.44	1.75	Ⅱ
	2.12	1.92	2.04	1.70	1.96	Ⅲ
	2.00	1.90	2.39	1.15	1.18	Ⅳ
4	1.57	1.81	1.55	1.41	0.89	Ⅱ
	1.77	1.74	1.22	1.91	1.85	Ⅲ
	1.23	1.27	1.42	1.50	1.46	Ⅳ
3	2.24	2.24	2.28	2.06	2.19	Ⅱ
	2.23	2.21	1.53	2.26	2.43	Ⅲ
	2.43	2.25	1.92	2.18	2.54	Ⅳ

粉碎区半径(cm)与轴向不耦合系数、围岩级别和 **RQD** 值的关系　　表 5-9

ROD(%)	轴向不耦合系数(%)					围岩级别
	10	35	60	85	95	
10	37	36	34	37	37	Ⅱ
	45	40	40	40	51	Ⅲ
	37	34	42	34	38	Ⅳ
7	53	63	60	54	48	Ⅱ
	54	51	39	53	46	Ⅲ
	34	45	42	50	49	Ⅳ
5	30	45	55	58	58	Ⅱ
	52	51	58	44	49	Ⅲ
	58	55	41	43	45	Ⅳ

续上表

ROD(%)	轴向不耦合系数(%)					围岩级别
	10	35	60	85	95	
4	48	52	51	54	44	Ⅱ
	49	51	31	44	51	Ⅲ
	36	34	50	54	54	Ⅳ
3	51	54	62	67	70	Ⅱ
	47	46	37	46	51	Ⅲ
	37	46	43	44	43	Ⅳ

5.7.2 公路隧道周边轮廓线精细化爆破控制技术

现有公路隧道爆破施工超欠挖现象非常严重,针对隧道周边轮廓线的超欠挖情况最为有效的爆破控制技术就是对周边眼装药量和装药方式进行控制。本章针对周边轮廓线的精细化控制爆破,提出了偏心不耦合装药形式。从理论和现场试验及室内数值模拟展开了多方面探讨研究工作。解决现有装药隧道超欠挖现象,提出适合现场施工的有效作业方法。

爆破冲击载荷在岩石的爆破破岩过程中起着重要的作用,冲击载荷和岩石性质决定了岩石的破坏效果。偏心不耦合装药结构如图5-58所示,药卷在 B 点紧贴于炮孔,则 B 点处药卷与炮孔相当于耦合装药,而对于其他位置,药卷与孔壁之间是存在一定间隙的,则相当于不耦合装药。爆炸产物对孔壁的作用与距离成正比,因此炮孔中的炸药爆炸后,在耦合处 B 点的破坏是最大的,而 A 点与药卷中心距离最大,则爆炸能量对其破坏作用最小。

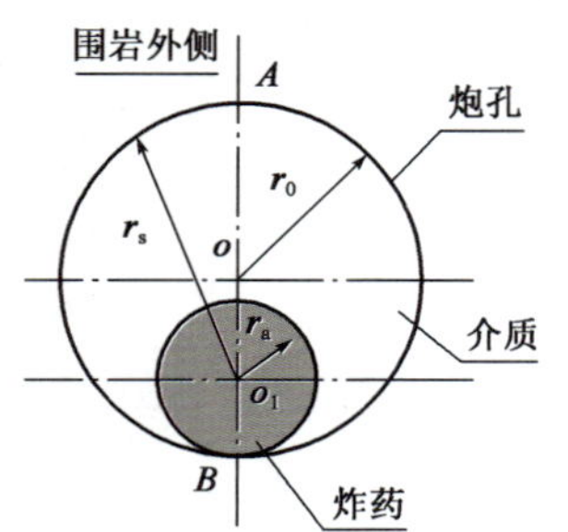

图5-58 偏心不耦合装药计算简图

(1)偏心不耦合装药爆破模型

①Rallins Ronald R 等人的研究结果。

根据 Rallins Ronald R 等人的研究对于偏心不耦合装药结构时,炮孔压力可以用式(5-1)计算。

$$P_{dz} = P_H\left[\frac{r_{cs}}{r_s}\right]^k \tag{5-1}$$

式中:r_s——药包中心至炮孔壁的径向距离;

P_H——爆炸气体产生的初始平均压力;

r_{cs}——药包半径;

k——与不耦合介质有关的参数,空气为5,水为0.72。

依据公式(5-1)可以计算得到炮孔周围围岩初始入射压力值分布情况,如图5-59所示。

②基于点不耦合系数的压力计算。

由于偏心不耦合装药爆破作用的复杂性,可以用同心不耦合装药的理论计算为基础对偏心不耦合装药爆破的应力场进行分析。偏心不耦合装药爆破后应力场分布是关于药卷中心和炮孔中心连线对称的，以应力波的应力场分析，则P波和S波也是以炮孔和药卷的连线为轴对称分布和传播的，由图5-59中分析可以很容易看出炮孔压力是随着药卷中心和炮孔壁面的径向距离而改变的。可以根据同心不耦合装药爆破时的孔壁压力值计算公式进行计算，公式如下：

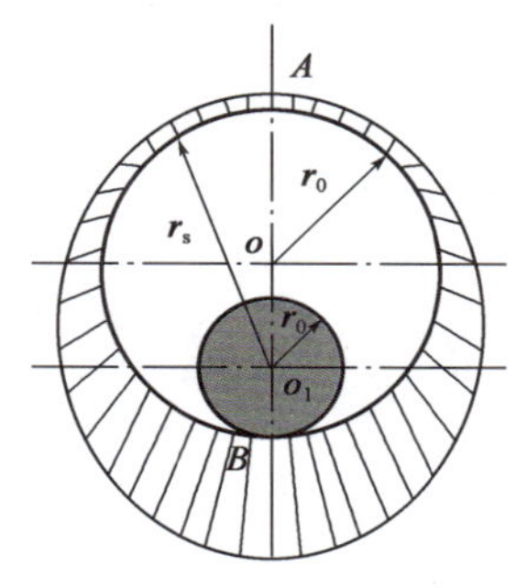

图5-59　初始围岩入射压力值分布示意图

$$P=\frac{\rho_0 D^2}{8}\times\left(\frac{d_{孔}}{d_{药}}\right)^{-\lambda}n \tag{5-2}$$

式中：P——初始径向峰值压力；

ρ_0——炸药密度；

D——炸药爆速；

$d_{孔}$——炮孔直径；

$d_{药}$——药卷直径；

n——孔径压力增大系数，n为8～10；

λ——与不耦合介质有关的参数，空气为6，水为0.72。

根据实际装药布置情况，依据公式(5-2)可以计算得到任意点的初始围岩入射压力值。

(2)径向不耦合数值模拟方案

径向不耦合装药模拟方案如表5-10和表5-11所示。

粉碎区面积(m^2)与径向不耦合系数、围岩级别和RQD值的关系　　表5-10

ROD(%)	轴向不耦合系数(%)					围岩级别
	10	35	60	85	95	
4	1.23	1.25	1.34	1.27	1.34	Ⅱ
	1.18	1.24	1.29	1.28	0.91	Ⅲ
	1.03	1.12	1.16	1.33	1.39	Ⅳ
2	2.33	2.05	2.02	1.89	1.07	Ⅱ
	1.91	1.85	1.70	1.66	1.62	Ⅲ
	1.09	1.29	1.29	1.53	1.39	Ⅳ
1	1.47	1.56	1.89	0.95	1.07	Ⅱ
	1.54	1.54	1.56	1.04	0.92	Ⅲ
	1.20	1.22	1.35	1.25	1.21	Ⅳ

粉碎区半径(cm)与径向不耦合系数、围岩级别和 **RQD** 值的关系　　表 5-11

ROD(%)	轴向不耦合系数(%)					围岩级别
	10	35	60	85	95	
4	39	40	39	43	43	Ⅱ
	42	45	45	45	32	Ⅲ
	37	38	40	40	40	Ⅳ
2	65	68	55	66	33	Ⅱ
	61	62	60	58	57	Ⅲ
	37	40	37	40	42	Ⅳ
1	50	54	55	32	32	Ⅱ
	51	50	49	32	32	Ⅲ
	40	39	40	37	40	Ⅳ

模拟方案得到以下几点结论：

①在径向不耦合装药情况下，粉碎区面积在 RQD 值和围岩级别相同时，随不耦合系数的增大，整体呈先增大后减小趋势，即装药量达到一定值时会使粉碎区达到最大，之后反而使粉碎区减小。

②在不耦合系数和 RQD 值不变时，随围岩级别的增大，粉碎区面积整体呈下降趋势，即围岩岩性越差，粉碎区面积越小。

③在不耦合系数和围岩级别不变时，随 RQD 值的增大，粉碎区面积整体呈先增大后减小趋势，即节理裂隙达到一定程度会使粉碎区面积达到最大，之后反而使粉碎区面积减小。

综上所述，要使径向不耦合装药爆破情况下粉碎面积最大，在围岩级别和 RQD 值一定的情况下，所选择的不耦合系数不是越小越好，即装药量不是越多越好，而是要适量。

(3)现场试验

本章通过理论推导计算炮孔堵眼长度、现场试验验证以及现场实施的光爆效果试验方案，得到以下几点主要结论：

①针对半孔残留率与周边眼单孔装药量之间的关系得出：周边眼的单孔装药量在 2.25 节(0.675kg)时，半孔残留率达到 95% 左右。此时的装药量是最优的方案。

②针对半孔残留率与水袋长度之间的关系得出：当安装的水袋单孔长度在 0.3m 时，此时半孔残留率可以达到 95%。

③针对通风时间与水袋长度的关系得出：当水袋单孔长度在 0.6m 时，通风时间可以保持在 30min 左右。

④针对轴向不耦合系数与径向不耦合系数对光爆效果的影响得出：轴向不耦合系数的大小对光爆效果的影响比径向不耦合系数的大小更加明显。当径向不耦合系数为 0 时，通过改变轴向不耦合系数半孔残留率最小值为 55%，最大值为 85%。当径向不耦合系数为 2 时，通过改变轴向不耦合系数半孔残留率最小值为 90%，最大值为 95%。

⑤海绵和水袋轴向不耦合装药可以有效保护围岩的粉碎区和扰动区,有利于围岩的自稳。对于周边轮廓线控制较精密的地方或者对沉降要求严格控制的地方才建议采用这种施工方法。

通过不同方案经济指标的对比,可以发现:本方案光爆现场试验每延米可节省费用981.01元。其中每延米所节省的费用为1021.13元,每延米另外支出的费用为40.12元。

5.7.3 爆破施工动态设计与监控管理体系与应用

由于隧道爆破过程工程地质条件变化比较频繁,为了降低施工风险,本章提出爆破施工动态设计方法。该方法包括以下几个关键工序:地质调查、设计、反馈和分析。

地质调查阶段主要是采用钻孔电视伸入掏槽眼调查掌子面节理裂隙发育情况。设计是指根据钻孔电视调查资料设计孔内炸药、水袋和气体的比例。反馈是指采用三维扫描仪获取爆破施工完毕后断面超、欠挖情况。分析是指将现场施工的数据集中到数据中心,根据施工风险管理系统对设计参数进行验证与修正。所有的数据统一到一个自主开发的监控管理软件里,既便于资料整理,也能对爆破施工进行精细化控制。

爆破施工动态设计监控管理系统由地质信息调查系统(系统1)、爆破设计分析系统(系统2)、监控管理系统(又名:信息反馈系统,系统3)三大系统组成。

系统"三件套"如图5-60所示,地质信息调查系统(系统1)是一个可深入炮眼钻孔中拍照的照相机,拍摄的照片用于了解围岩节理分布情况,将照片输入到系统2中,在系统2中将照片数字化。

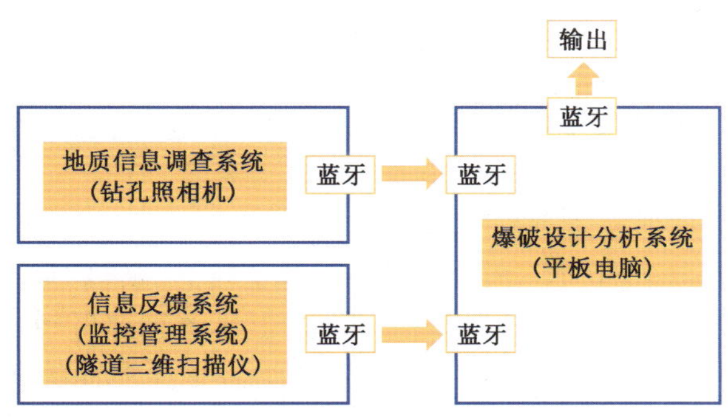

图5-60 系统"三件套"

监控管理系统(系统3)由一台隧道三维扫描仪组成,爆破后过隧道开挖断面进行三维扫描,对前一排炮的超欠挖情况进行测量,及时反馈爆破质量,实现对爆破的监控管理。

爆破设计分析系统(系统2)为整个系统的核心,该系统硬件为一平板电脑,通过蓝牙接口与系统1、系统3进行连接。系统2中集成了"爆破施工控制计算程序",将系统1及系统3输入的数据作为软件运行的初始条件,自动进行爆破设计,并输出爆破设计结果,实现对爆破施工动态设计。

第6章　按需营运综合节能技术

为进一步推进和实现江罗项目“环保、节能”之路的建设思路，开展了“江罗高速公路山区长大公路隧道按需营运综合节能研究”课题，在隧道通风、照明、供配电及结构物等综合节能方面展开进一步研究，并在全线特长隧道内得以应用。

6.1　课题背景及研究意义

6.1.1　课题背景

随着环境的日益恶化，资源的不断消耗，节能减排已成为经济社会发展的主题。随着《中华人民共和国节约能源法》的颁布，我国以法律的形式明确了节能减排的重要性，表达了实施节能减排的决心。为深入贯彻科学发展观、全面落实节约资源和保护环境的基本国策，广东省编制了《广东省交通运输“十二五”节能减排发展规划》，明确要求：“到2015年，交通运输能源消费结构更加合理，结构性节能减排取得明显进展；节能减排科技创新能力与推广水平进一步提升”。《2013年广东省交通运输行业节能减排工作要点》中明确指出：“在广高速公路建设过程中贯彻节能减排理念”“在交通运输基础设施建设与运营领域，深入开展相关科研课题及引入咨询服务，多方促进节能减排技术”“开展绿色交通运输体系研究和能力建设”。

6.1.2　当前隧道节能领域存在的问题

由于现代公路隧道为确保运营安全与舒适，配备了较为完善的通风系统、照明系统、供配电系统、消防系统、监控系统、通信系统六大系统，这也导致公路隧道成为公路能耗大户。其中，又以通风系统和照明系统所占的直接能耗最大，约占整体能耗的90%以上。如何在公路隧道机电工程运营节能领域实现重大技术突破，在结构性、技术性、管理性节能方面掌握成套关键技术，实现公路隧道“资源节约型、环境友好型” 的建设标准和发展目标是交通建设者的共同期待。

当前国内在隧道节能领域已经开展了大量相关的研究及实践，但仍存在以下问题导致实际节能效果较为有限。

(1)隧道综合节能需要统筹规划，存在节能与安全之间的矛盾

公路隧道综合节能是一项系统工程，需要贯穿隧道规划、设计、建设、运营的全过程。目前，公路隧道节能仅仅从某个方面考虑，如通风节能、照明节能等，而没有从全局和整体角度系统地开展研究。且未系统性地考虑隧道综合节能，节能措施多集中在某单一技术的应用，未能合理规划、统筹和评估各节能技术的相互影响以及平衡公路隧道节能与安全之间的关系。

公路隧道节能总体框架如表6-1所示。

公路隧道节能总体框架表

表 6-1

<table>
<tr><td>结构性节能</td><td colspan="2">近期:洞外路灯、监控设备、安全设施等采用太阳能供电;
远期:应用风—光—水—储互补供电技术、太阳光光纤照明技术等</td></tr>
<tr><td rowspan="6">技术性节能</td><td>照明节能</td><td>(1)精确测试公路隧道洞外亮度 $L_{20}(S)$;
(2)信息技术改变传统照明控制方式;
(3)优化照明设计参数;
(4)合理布设照明灯具;
(5)采用高效照明方式;
(6)合理装饰隧道侧墙;
(7)选择使用节能光源;
(8)照明系统分期实施</td></tr>
<tr><td>通风节能</td><td>(1)合理控制中、长隧道通风系统规模;
(2)选用高效节能射流风机;
(3)选择自然通风、互补式通风等新技术;
(4)远程变频通风控制技术;
(5)通风系统分期实施</td></tr>
<tr><td>供配电节能</td><td>(1)优化供电模式;
(2)应用照明节电设备;
(3)优化变压器容量和电缆截面</td></tr>
<tr><td>给排水节能</td><td>(1)选用高效节能水泵;
(2)应用水泵智能控制技术;
(3)采用强度高和摩阻小的热镀锌钢管</td></tr>
<tr><td>运营安全</td><td>(1)加强公路隧道交通安全监管;
(2)提高公路隧道应急救援能力</td></tr>
<tr><td>土建结构</td><td>(1)合理的路线平纵;
(2)洞口减光设施;
(3)洞内明色化路面;
(4)明色化内装饰(含拱顶防火涂层)</td></tr>
<tr><td rowspan="3">管理性节能</td><td>运营管理模式</td><td>(1)对全线公路隧道采用集中式运营管理;
(2)推进公路隧道信息化养护管理</td></tr>
<tr><td>设备养护管理</td><td>(1)加强对公路隧道机电设施的养护管理,尤其是照明灯具的养护管理;
(2)有效回收利用报废机电产品</td></tr>
<tr><td>监督管理体系</td><td>(1)健全公路隧道用电量监测、统计、分析体系;
(2)加强公路隧道节能监督管理,健全公路隧道节能考核机制;
(3)加大公路隧道节能知识宣传、培训力度</td></tr>
</table>

(2)隧道照明节能与土建结构物未结合考虑

隧道照明设计参数取值与隧道线形、洞门结构形式、洞口景观、隧道内路面材料等因素有关，特别是洞口加强段照明，在照明系统中占比很大，需要通过洞外减光和洞内增亮措施来降低照明需求。在设计阶段隧道照明、土建、景观、路面等相关专业之间需要就隧道节能系统开展节能研究。

(3)隧道照明系统控制的不合理及自动化程度不高

目前绝大多数公路隧道照明采用时序配电回路控制法，虽然控制模式较为简单，考虑了环境因素对隧道照明的影响，但未考虑交通量、平纵线形、平均车速对照明亮度的要求，造成不必要的浪费，即没有实现“按需照明”；控制方式水平低，不能从宏观上实现对整个隧道照明进行自适应控制，“过度照明”现象严重，隧道运营照明存在大量电能浪费的问题。

同时大量中/短隧道由于未设照明自动化控制装置，灯具的控制需技术人员在隧道现场进行操作，造成管理成本的增加。因此大量短隧道往往仅采用一种运营模式，不但耗能严重，且由于洞内亮度水平不能及时根据洞外环境条件进行调节，造成亮度不足或眩光等情况，存在一定的安全隐患。

(4)公路隧道通风系统节能技术薄弱

由于我国在公路隧道通风系统方面的安全及节能技术研究甚少，经验不足，其一，设计参数指标取值过于保守，造成通风系统规模庞大、利用率低；其二，对交通流估计不足、通风设施布置不合理，造成通风系统能力不足、存在安全隐患；其三，对隧道主线纵坡大小和坡形的考虑不足，过大的纵坡会大大增加上坡隧道所需的通风功率；其四，未采用新型的节能设备、产品、技术等，如新型的除尘设备、变频通风设备。最终，导致隧道通风系统的设置规模偏大、初期投资大、营运管理费用高等诸多现实问题。

此外，公路隧道内风量的控制主要依靠射流风机启动台数的不同来实现，但在实际运营过程中，大多数情况下隧道内的所需风量都不会是风机台数的整数倍。此时，变频技术就可以实现按需供奉，提高通风系统效率，而且还能实现隧道火灾工况下控制隧道内风速和风量，使得隧道达到“零风速”状态，以便有毒烟气凝聚在隧道顶部，便于驾乘人员逃生。而目前由于变频器无法适应隧道内的恶劣运行环境，且变频器远程驱动射流风机有较大困难，阻碍了变频技术在公路隧道通风系统中的应用。

(5)公路隧道供配电系统能耗较高且未被重视

高速公路隧道所在的山区地方电网电压存在普遍偏高的情况，隧道照明灯具所承受的电压普遍高于正常供电电压，特别是在日间和午夜后用电低峰时。多余的电压不仅使用户电费大量增加，同时导致灯具发热降低了灯具的使用寿命。另外隧道运营初期交通量较小，隧道供配电系统配置过高，导致供配电系统本身能耗较高，同时供配电系统长期闲置，设备本身折旧也造成资源浪费。

综上所述，基于物联网研究隧道按需照明运营策略及变频通风控制技术，从隧道洞口构造物和洞口景观方面着手研究隧道结构物对照明节能技术的贡献，通过低能耗供配电方案研究，从隧道供配电初期投资方面实现节能减排，最终形成山区长大公路隧道按需营运综合节能技术。该成套技术将缓解能源约束与环境问题的加剧，加快发展现代交通运输业、建设低碳交通运输体系，提高全省交通运输行业核心竞争力和可持续发展能力，在贯彻落实科学发展观，全面贯彻落实资源节约和环境保护基本国策，深化资源节约型、环境友好型交通运输行业建设中发挥巨大作用。就本工程而言，依据本项目隧道的交通特性，在保障隧道运营安全的条件下，实现隧道节能降耗的目标，同时有效提升公路隧道运营管理水平。本项目预计实现隧道运营节能20%以上。该项成果总体达到国际先进水平。

6.2　隧道通风变频调速技术及应用

6.2.1　变频调速技术简介

随着电力电子技术、计算机技术、自动控制技术的迅速发展，20世纪60～70年代采用电力电子变流器的交流传动系统得以实现，特别是大规模集成电路和计算机控制技术的出现，使得高性能交流调速系统应运而生，形成一种交流调速取代直流调速的发展趋势。

变频调速技术的发展得益于微电子、电力电子技术以及异步电动机控制理论的发展，也来自于市场的巨大推动力。变频调速是一种由变频器将固定电压、固定频率的交流电变换为可调电压、可调频率的交流电，通过变频器向一些用电负载（如交流电动机等）供电的技术。变频调速的优点在于当频率改变时转差率不变，这样工作时就会减小转差损耗。除此之外，调速范围宽、精度高，适用于各类调速性能较高的场合。变频调速的方法主要有标量控制、矢量控制（直接磁场定向和间接磁场定向）、直接转矩控制等。变频调速作为电气传动以及自动化领域中重要的基础技术，在改善电机性能、节能及运行方面有显著作用，对生产实践有很高的经济价值，目前已经在工业各个领域得到广泛的应用。一般占工业用电50%～60%的风机、泵和压缩机等通用机械上使用的变频调速装置，经试验验证对比后可节省电30%左右，因而有着巨大的市场潜力。

电机交流变频调速技术是当今节能减排、改善工艺流程以提高产品质量和改善不断恶化的环境、推动技术进步的一种主要手段。变频调速凭其优异的调速和起动、制动性能，高效率、高功率因数和节能效果，广泛的适用范围及其他许多优点而被国内外公认为最有发展前途的调速方式。

6.2.2　公路隧道变频通风控制技术

公路隧道运营成本是管理者最为关注的问题之一。要在保证安全、提高效益的同时，尽量降低能耗，必须将先进的技术和通风设备应用于长大公路隧道运营中。

应用变频调速技术，理论上使得公路隧道通风系统具有节能、可靠、平稳运行的特点。既降低了噪声和振动，减少了机械冲击，又延长了射流风机的使用寿命。因而，变频调速既满足了通风要求，又减少了电能消耗。

公路隧道内风量的控制主要依靠射流风机启动台数的不同来实现，在传统的台数控制下，风机运转方式很简单，全速运转或者完全停止。可以运转1台、2台或者10台、12台射流风机，但不能运转2.5台或者11.25台风机射流风机。

但在实际运营过程中，大多数情况下隧道内的所需风量都不会是风机台数的整数倍，当实际需要2.5台风机全速开启的风量时，传统台数控制就只能运行3台风机才能满足要求，那么在此情况下，多余的推力就相应被浪费。射流风机推力F计算公式如下：

$$F \approx \eta\rho A V_{J}(V_{J} - V_{air}) \tag{6-1}$$

式中：F——风机推力；

η——风机效率；

ρ——空气密度；

A——风机断面面积；

V_J——风机出口风速；

V_{air}——隧道内的平均风速。

射流风机需要的电力 W 为：

$$W \approx \frac{FV_J}{\eta_{elec}} \tag{6-2}$$

式中：η_{elec}——风机电气效率。

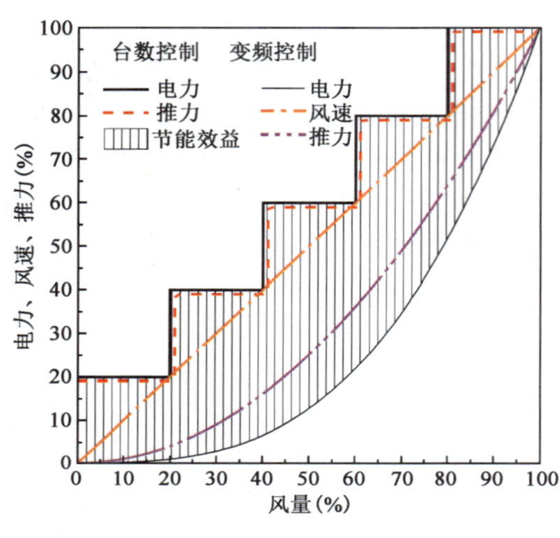

图 6-1　电力消耗对比图

通过流体力学及电机学原理，可以得出风机工况参数与电源频率的关系：风量与电源频率成正比，风压与电源频率的平方成正比，电机轴功率与电源频率的立方成正比。由此可知，公路隧道运营通风电能消耗与风量为立方的关系。因此，如果低速运转 3 台射流风机，实现 2.5 台风机的风量，则每台射流风机的推力是全速运转的 83%，风机出口风速约为全速运转状况下的 91%，3 台射流风机的耗电量大约只有全速运转时的 76%。

图 6-1 为上述两种运转方法的电力消耗对比结果，其中阶梯状曲线所闭合的空间即是传统台数控制方法下的通风系统运营能耗，而平滑实曲线闭合的空间则是变频控制方法下的运营能耗，其差值即阴影部分就是两种控制方法之间的能耗差，即节能的效益，可见目前国内通常使用的有级调节风量方法有较大的节能潜力可以挖掘。

6.2.3　依托工程应用

根据三岔顶隧道通风营运的实际情况，采集了隧道营运的实时交通量数据、洞内污染物浓度情况和洞外自然风等数据。隧道变频通风控制系统应用及内部系统如图 6-2 所示。

a)

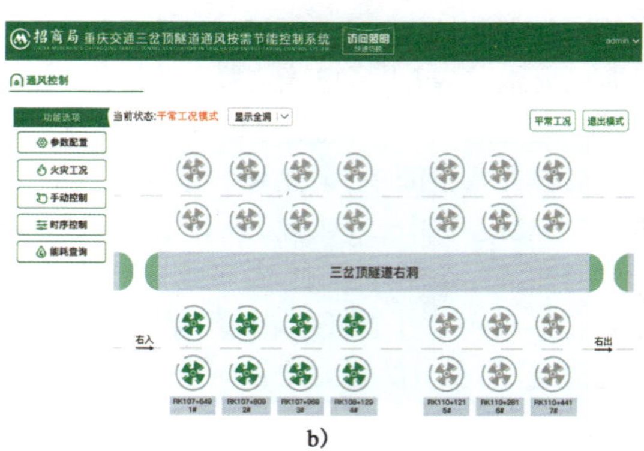

b)

图 6-2　隧道变频通风控制系统应用图及内部系统图

（1）测试时间：2016 年 12 月 13 日上午 10：00；隧道内交通量：754veh/h（日低谷交通量区段）；洞外自然风：+1.21m/s；洞内 CO 浓度：$\delta_{CO}=13cm^3/m^3$；洞内 VI 浓度：$K=0.0026m^{-1}$。

采用台数控制法：达到相同 15% 的推力需 1 组风机运转。开启风机数量 1 组，每小时耗能 90kW。

采用变频控制法：4 台变频柜控制风机以 20Hz 频率运行，产生推力为满负荷运转产生推力的 15%，每组风机运行电流分别为 14.64A、16.02A、15.78A、15.36A。

易求得变频控制实际节能率为：$[154.08U-61.8U]/154.08U=59.9\%$。则实际测试节能率为 59.9%，每小时节能 53.91kW，按照广东省商业用电每度 1.5 元计，则每小时节约电费 81 元。

（2）测试时间：2016 年 12 月 13 日下午 20：00；隧道内交通量：1076veh/h（日高峰交通量区段）；洞外自然风：+0.52m/s；洞内 CO 浓度：$\delta_{CO}=29cm^3/m^3$；洞内 VI 浓度：$K=0.0053m^{-1}$。

采用台数控制法：达到相同 50% 的推力需 2 组风机运转。开启风机数量 2 组，每小时耗能 180kW。

采用变频控制法：4 台变频柜控制风机以 35Hz 频率运行，产生推力为满负荷运转产生推力的 50%，每组风机运行电流分别为 54.96A、55.62A、56.10A、55.56A。

易求得变频控制实际节能率为：$[591.6U\times2/4-222.24U]/591.6\times2/4U=24.9\%$。则实际测试节能率为 24.9%，每小时节能 44.82kW，按照广东省商业用电每度 1.5 元计，则每小时节约电费 67 元。

根据实际测试，采用台数控制和变频控制能耗比较见图 6-3。洞内通风所需推力越小，采用变频通风节能效果越明显。为保证洞内空气质量，隧道营运时需要开启通风系统去除洞内烟尘、CO 及异味。隧道洞内交通量、污染物情况实时变化，每天交通量会呈现高交通量和低交通量情况，因此采用变频控制能实现通风系统的按需控制，得到节能效果。

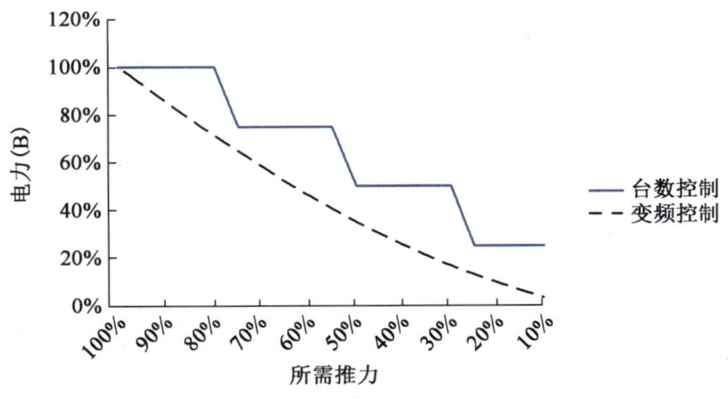

图 6-3　台数控制与变频控制能耗比较

近期，三岔顶隧道交通量较低，我们按每天隧道开启 8 小时通风，高交通量和低交通量各运行 4 小时来计。其中高交通量时左洞开启 2 组风机，右洞采用变频器输出 35Hz 的推力（与左洞 2 组风机通风效果相当）；低交通量时左洞开启 1 组风机，右洞采用变频器输出 20Hz 的推力（与左洞 1 组风机通风效果相当）。根据三岔顶隧道该日开启风机耗电量情况数据采集，隧道左洞采用台数控制，日耗能 1080kW；隧道右洞采用变频控制，日耗能 685kW，日节能 395kW，则日节约 593 元。

三岔顶隧道设置有7台通风变频控制柜(每台变频柜11.68万元),共增加成本81.76万元,若以上测试计算,则每年节钱21.6万元,经3.78年可收回通风变频控制柜增加的投资成本。每天开始通风时间越长,则收回投资成本时间越短。

6.3 基于物联网的公路隧道按需照明技术

6.3.1 按需照明技术简介

在公路隧道中,针对不同的交通流状态,公路隧道照明需求不同,交通量较小时,照明需求低。随着交通量增大,车与车之间存在的干扰性也增大,隧道行车安全所需的照明亮度就会随之升高,因此,合理的预判、分析隧道交通量有助于更好地研究公路隧道按需照明研究。

隧道照明光源的选择应满足隧道特定环境下的光效、光通量、光衰减、寿命、光色、显色性、可靠性以及成本要求,同时还能保证在汽车排放形成的烟雾中有良好的能见度。传统的公路隧道照明设计灯具基本上都利用回路控制满足隧道内照明需求,几乎处于长期点灯状态,而LED灯可以根据隧道内车速、交通量、洞外亮度调节亮度,因此,LED灯用于隧道照明具有很强的优势。

随着计算机技术、通信技术、控制技术的发展,利用局部网络或互联网等通信技术可把传感器、控制器、照明灯具、管理人员等通过新的方式联在一起,形成人与物、物与物相联,实现信息化、远程管理控制和智能化的网络,使隧道照明设施实现动态调光控制的“按需照明”具备了技术条件。

6.3.2 按需照明控制模型

参考高速公路隧道照明光源及综合节能系统研究,公路隧道照明节能控制系统算法外部结构如图6-4所示,影响公路隧道照明控制的输入因素复杂,实际主要因素有:交通量、洞外亮度、平均车速、洞内能见度、特殊事件以及时间因素。交通量越大、平均车速越快,对照明需求也越大。另外,洞外亮度越大,隧道内的亮度需求也越大。事件因素主要包含隧道及隧道所在道路交通事故、隧道火灾、时序控制以及人工控制等对照明输出结果的控制和影响。

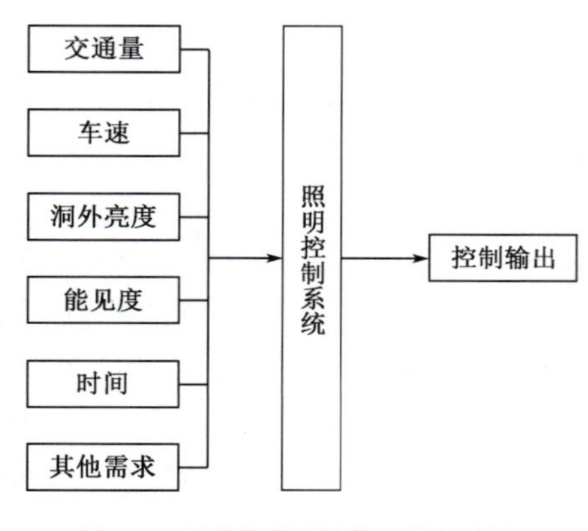

图6-4 照明控制系统算法外部结构图

LED智能调光控制算法原理如图6-5所示,照明节能曲线如图6-6所示。

基于物联网按需照明调光控制系统包括亮度检测仪、车辆检测器、VI检测器、传输网络、控制算法、调光控制器管理平台(图6-7)。其中,LED隧道灯中需集成单灯控制模块,隧道智能照明控制柜可实现对LED隧道灯单灯控制。隧道智能照明控制管理平台安装于管理站服务器,系统可通过高精度成像式亮度计、车辆检测器以及VI检测器采集现场数据,现场采集的数据通

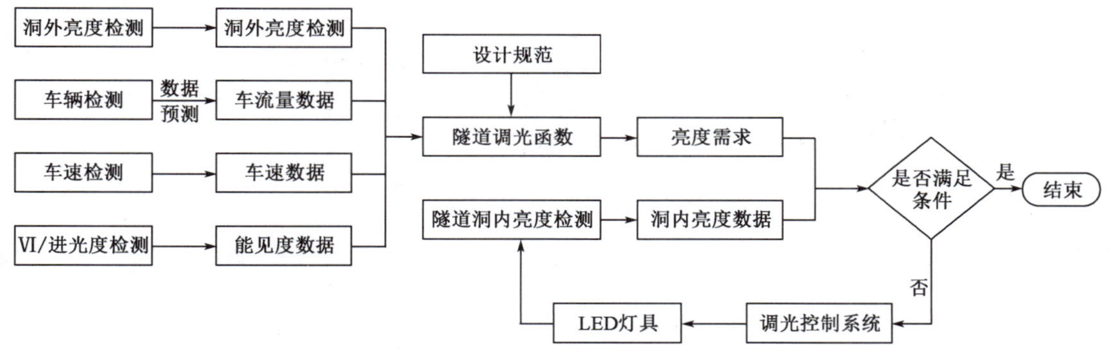

图 6-5　LED 智能调光控制算法原理

过设计先进的控制算法进行分析，判断是否达到某些预先设定的控制条件，进而通过照明控制器完成 LED 隧道灯的按需控制。

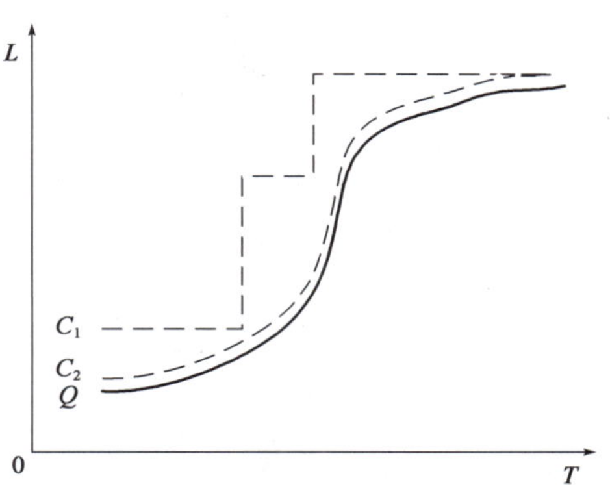

图 6-6　照明节能曲线

6.3.3　依托工程应用

三岔顶隧道按需照明控制系统（图 6-8）应用的节能效益主要包含两方面：

（1）由隧道照明系统初装亮度偏高产生的节电量。依据《公路隧道照明设计细则》（JTG/T D70/2-01—2014）的设计要求，由于隧道内光源的光通量衰减、光源和灯具尘埃等污染物质长期侵蚀硬气灯具灯罩和反射器效率下降，需考虑养护系数值 M，M 值一般取 0.7。传统隧道灯具新安装运营阶段，亮度偏高，存在过度照明，且影响行车安全。公路隧道按需照明控制系统实时按需控制照明灯具，可有效地避免过度照明，改善行车安全。根据实测，三岔顶隧道右线照明设计功率约为 107.5kW，其中加强照明设计功率为 84.4kW。根据研发的图像式高精度亮度计实测，入口段加强照明亮度偏高实际需求值 34%，隧道左洞按照传统回路控制模式，则每小时浪费电量 26.9kW，折算为日节电量即 161.4kW。

（2）由按需照明控制方式营运产生的节电量。传统的隧道灯具控制按照时序控制方式，在不同季节、不同天气以及不同交通量等情况下，现场测试记录了一天 24 小时不同时间段隧道加强段亮度需求为 75cd/m^2、80cd/m^2、90cd/m^2、95cd/m^2、110cd/m^2、130cd/m^2、144cd/m^2 的电流值，如表 6-2 所示，为三岔顶隧道右洞进口需求亮度值对应电流值。

三岔顶隧道右洞进口需求亮度值对应电流值　　表 6-2

亮度（cd/ m^2）	75	80	90	95	110	130	144
右线入口过渡加强 1（A）	45.44	45.86	46.42	46.76	47.72	50.58	50.56
右线入口过渡加强 2（A）	44.58	45.34	46.54	47.16	49.02	54.16	54.12

按照《日光的空间分布 CIE 一般标准天空》（GB/T 20148—2006）的定义，天空分为晴天、阴天、混合天空三类。在计算中参考本标准进行隧道洞外亮度的计算。如图 6-9 所示，为晴天

隧道洞外亮度变化曲线图。

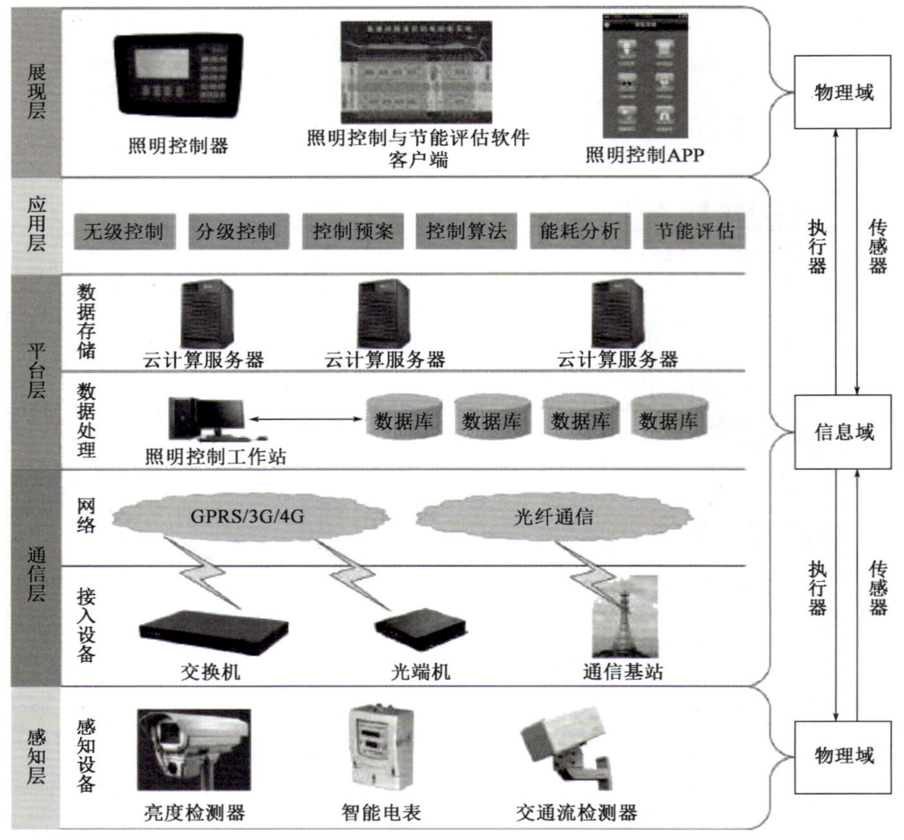

图 6-7　基于物联网的按需照明控制系统构成图

图 6-8　三岔顶隧道洞内、外图像式高精度亮度计

依据 2017 年 6 月 2 日的洞外亮度变化曲线，在交通量、车速、能见度等其他参数值不变的状况下，右线入口过渡加强 1、右线入口过渡加强 2 的需求亮度值如图 6-10 所示。

由图 6-10 可知，在该日混合天气状况下，隧道入口段亮度需求值的变化曲线。因此，传统的时序控制存在过度照明。公路隧道按需照明控制系统实时按需控制隧道洞口照明灯具，对比传统的时序控制，日节能约 193.5kW。

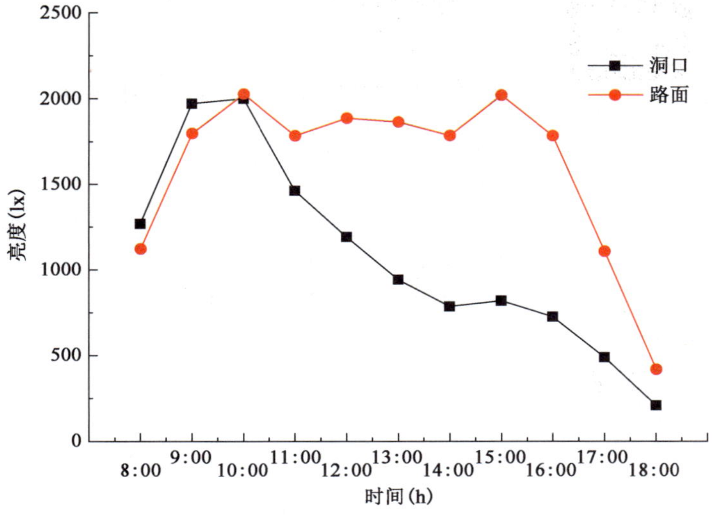

图 6-9　晴天隧道洞外亮度变化曲线图

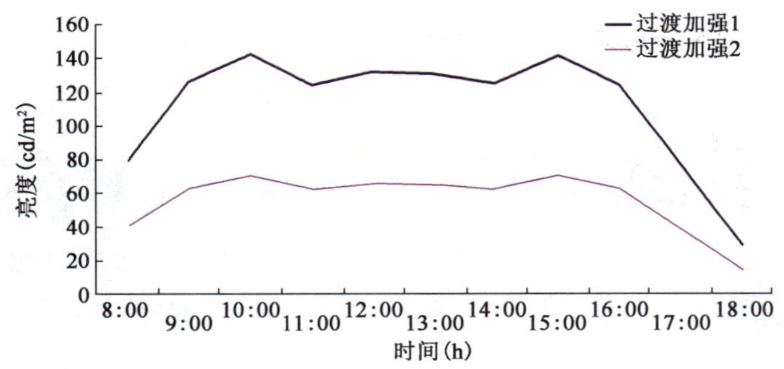

图 6-10　混合天空隧道洞外亮度变化曲线图

三岔顶隧道设置有 1 台隧道照明多参数耦合智能控制器(单价 11.68 万元)和 2 套图像式高精度亮度计(单价 5.25 万元)，共增加成本 22.18 万元，若按照本测试的节约情况计算，则每年节约 19.75 万元。经 1.1 年可收回隧道照明多参数耦合智能控制器和图像式高精度亮度计增加的投资成本。

6.4　隧道结构物照明节能技术

6.4.1　洞口减光原理

驾驶者从洞外亮度较高的日光环境进入隧道内较暗的亮度环境时，眼睛对隧道内道路、设施、路面上障碍物的识别过程会出现暂时的中断，需要一段时间恢复，洞内、外的亮度差别越大，识别能力需要恢复的时间越长，产生的恐惧感越强，安全风险越大，洞内外的亮度差别越小，识别能力需要恢复的时间越短，安全风险越低。提高隧道内入口段行车安全的途径有两个：

途径一是提高洞内的人工照明亮度，然而需要消耗大量的能源，在当前能源形势紧张、节能减排的大环境下，显然该方案不合时宜。

途径二是通过减光棚、遮光棚、膜结构、绿化等措施来降低洞外亮度，提供亮度适应条件，减小洞内外的亮度差，从而降低洞内人工照明的亮度。设置洞外减光结构物不但可以有效降低洞外亮度，节约能源消耗，而且对隧道洞口的景观起到提升作用。

洞外减光结构物的作用有两个，一是有效降低洞外亮度，相当于在隧道洞外较亮的环境和洞内较暗的环境之间加入了一个缓冲区，缓和隧道内外的亮度巨变。二是利用自然光线为隧道提供照明，提高路面亮度。

近年来，我国的部分城市隧道和高速公路隧道设置了减光结构物，这些减光棚大大提升隧道洞口景观效果的同时，在一定程度上也起到了洞外减光的目的，如图 6-11 所示。通过分析可以看出，在结构形式方面，国内早期利用格栅的较多，近年来采用减光棚的方案居多。

a）翔安隧道

b）上海长江隧道

c）大堆尖隧道

d）秀山隧道

图 6-11

e)上海外环隧道

f)深圳龙华隧道

图 6-11 国内隧道洞外减光结构物案例

6.4.2 洞口减光结构物形式选择

洞外减光结构物一般有两种结构形式:减光格栅和减光棚。

(1)减光格栅

减光格栅是采用格栅形式,即在垂直于隧道轴线方向布置横向的格栅,根据要达到的遮光效果来控制格栅的宽度和高度(图 6-12)。自然光线直接投射至路面上或者经过格栅散射后投射在路面上。在纵向上,距隧道洞口外一定的距离内开始布置减光格栅,格栅的间距从开始位置至洞口逐渐减小。减光格栅一般由钢筋混凝土制作而成,具有较好的透光性能,但会在路面上形成明暗相间的横向条纹,干扰驾驶员的视觉,对辨识路面上的障碍物非常不利,不建议采用。格栅下路面亮度分布如图 6-13 所示。

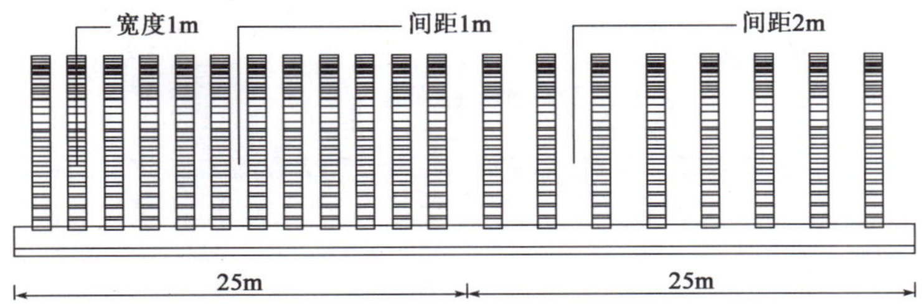

图 6-12 格栅的平面布置和纵向布置

(2)减光棚减光结构

减光棚,在结构物顶部采用透明材料或者不透明材料封闭,结构物底部镂空,自然光线从顶部或者两侧投射至路面上,能够避免减光格栅下路面出现明暗相间的横向条纹的弊端,当透明板布设在棚的中部位置,晴天时会在路面上形成亮度较大的纵向条纹,对行车不利,因此应该将透明板布置在棚的两侧,并对透明板的高度进行精确计算。

近年来,越来越多的隧道洞口设置了各式各样的棚式构筑物,其主要目的是增加隧道洞口的景观效果,对隧道照明安全性和舒适性方面的考虑则较少。减光棚的设置原理为在外界较亮的环境和洞内较暗的环境之间建立一个过渡段,减轻环境亮度变化太大对人眼的负面影响,让部分光线通过直射或者漫射的方式来提高棚下路面的亮度,同时要严格控制路面的亮度不能过高或者过低，又要避免棚下路面不产生眩光。图 6-14 为增设减光棚前后的隧道照明区段划分图。

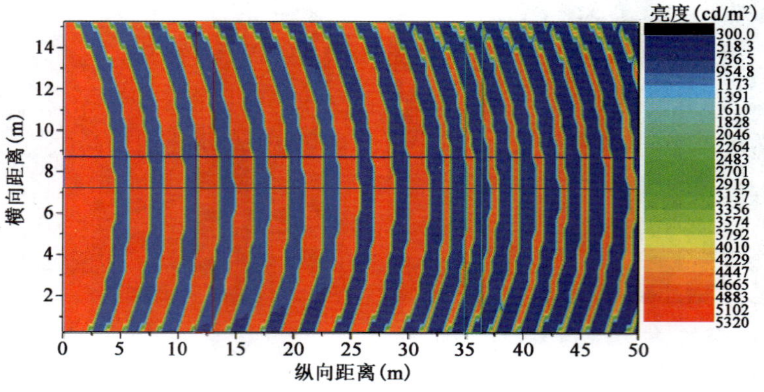

图 6-13　格栅下路面亮度分布(10:00)

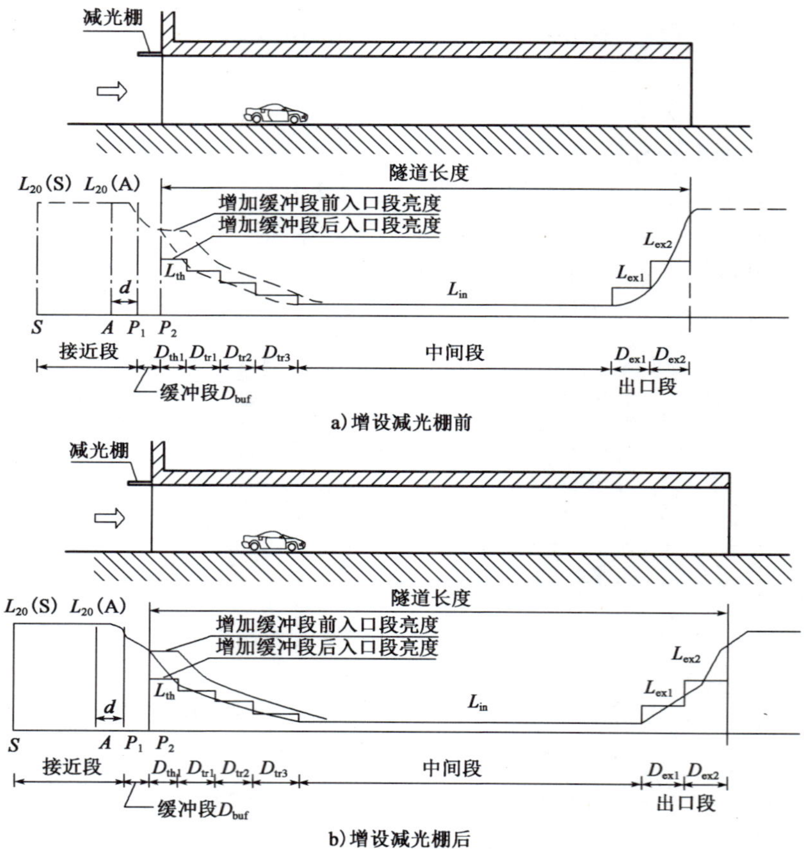

图 6-14　增设减光棚后隧道照明区段划分

减光棚顶部透明部分的布置方式和面积大小是减光棚设置的关键参数，因外界环境亮度是随时间变化的，因此，棚下的亮度也会随时间变化，但无论是哪种形式的减光棚，其棚下路面的亮度和分布要满足规范的要求。

在同样的日照条件下，透明板的高度不同，减光棚下路面的亮度和均匀度均不同，棚下路面亮度与洞口亮度的比值均出现在中午12:30时，该时刻是一天当中最不利的时刻。当透明板的高度为1m时，棚下路面亮度和洞口亮度的比值最小为0.04，棚下路面亮度较低，没有充分利用自然光线，棚对自然光的遮挡较多，没有充分发挥减光棚的效能。当透明板的高度为2m时，棚下路面亮度与洞口亮度的比值最小值为0.06，稍高于透明板高度为1m时的比值，减光棚对自然光的遮挡较为合适，较好地发挥了减光棚的效能，驾驶员在减光棚外能够准确地识别路面上的障碍物，但考虑到减光棚的长度一般较短（50～100m），也就意味着驾驶员在接近和经过减光棚的时间较短，适当提高减光棚下路面的亮度可以使人的视觉适应过程更加舒适，因此，当透明部分的高度为3m时，棚下路面亮度和洞口亮度的比值最小值为0.11，棚下路面的亮度较高，驾驶员能够较快地适应隧道内的照明环境。因此在依托工程实施时，建议减光棚的透明板高度取3m。不同的透光板高度减光效果比较见表6-3。

不同的透光板高度减光效果比较　　表6-3

透光板高度（m）	棚下路面/洞口亮度最小值	碰下路面/洞口亮度最大值	最小值、最大值出现时刻
1	0.04	0.22	12:30/18:30
2	0.06	0.28	12:30/17:30
3	0.11	0.50	12:30/15:30

当透明板的高度取3m时，在中午时，棚下行车道路面会出现较为明显的纵向光带，会造成眩光现象，给驾驶员的视觉造成干扰。因此在依托工程实施时建议减光棚横断面宽度大于隧道洞身的横断面宽度，控制自然光线不直射到行车道上。

6.5　太阳能综合利用

广东省在我国属太阳能资源较丰富地区，年辐照时数2200小时左右，年辐射总量4200～5800MJ/m²，相当于一年辐射在广东省土地的能量达300亿吨标煤左右。依托工程所在地太阳能资源较丰富，同时为了利用减光棚面层的空间资源，进一步发挥减光棚的节能效益，江罗高速公路三岔顶隧道设置洞外减光棚后，可以利用减光棚的上部空间放置太阳能光伏板，太阳能光伏系统为隧道内的人工照明灯具提供电力。

图6-15为太阳能微电站系统配置图。微电站为100盏60W基本照明LED灯具每天供应4小时的电量，其余时段的电能仍由隧道配电系统供应。

太阳能光伏板设置在减光棚顶盖不透明部分的上方，如图6-16所示，采用一定的固定装置固定在减光棚表面。

减光棚工程造价共约180万元，太阳能微电站的造价约18万元，共约198万元。根据现场实测计算，设置减光棚和太阳能微电站后，每年节约电费约14万元。加强段照明系统节省投资85万元。从投入产出的角度分析，大约6年达到投入与产出的平衡。

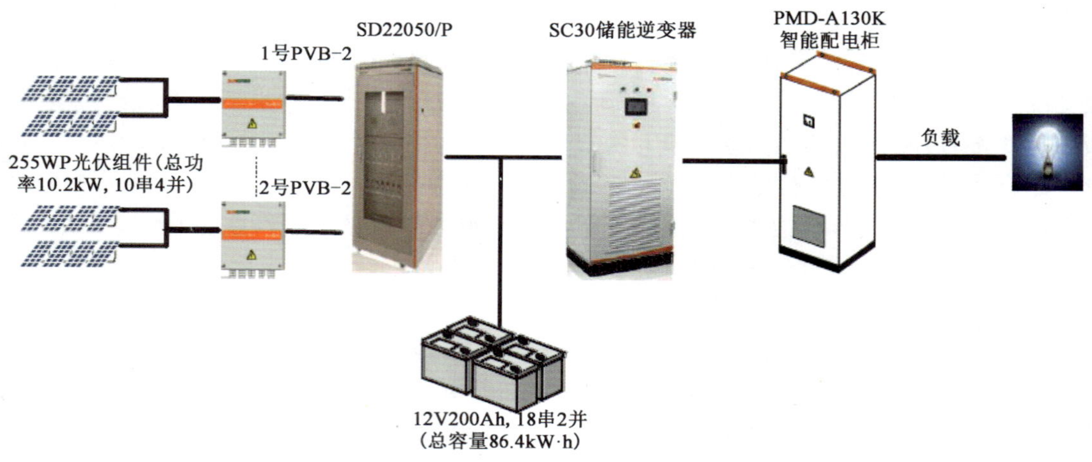

图6-15　太阳能微电站系统配置图

图6-16　减光棚工程照片

6.6　隧道供配电节能技术

6.6.1　技术原理

随着供配电领域技术和电气设备、自动化产品日新月异的发展，目前出现了不同电压等级及其供配电成套开关设备的解决方案。如何保证系统安全可靠、经济运行是设计和营运管理人员重点关注的内容。

多项数据表明，隧道供配电系统工程造价在隧道机电工程中的比例达40%，因此，隧道初期投资和建成后的运营电费将是一笔不小的费用。而隧道外电源方案和隧道供配电系统方案的合理性对其影响最大。因此，隧道外电源方案和隧道供配电系统方案的合理与否是建设方重点关注的内容。

目前隧道的运营安全也提上了重要日程。高速公路是地方基础建设的重要组成部分，便捷的交通已成为地方经济发展的必要条件。在长、特长隧道中，供配电系统的供电可靠性关系着交通系统的正常运行,一旦其中部分环节出现问题,就可能引发危害公共安全的重大事故。因此如何评估和提高隧道供电系统的可靠性已成为当前规划、建设大型隧道和隧道群必须解决的问题。

隧道外电源以及隧道供配电系统方案的定夺取决于可靠性和经济性两个方面。目前,各设计院设计的隧道供电系统方案差异很大,工程投资差异较大且不便于隧道运营管理和维护,因此对隧道外电源和各公路隧道供配电系统方案可靠性及其节能进行专题研究是非常有必要的。

6.6.2 变电所设置位置

隧道供配电系统由高压开关柜、电力变压器、低压开关柜以及低压配电线路、用电设备组成。用电设备由隧道其他专业选择和确定,除用电设备外,电力变压器容量和低压电缆截面、供电半径的选取对供配电系统的能耗影响较大。而低压电缆截面以及电力变压器的容量取决于变电所的设置位置,即其对应的供电范围内的用电设施用电量和供电距离、供电电压等。

现对三岔顶隧道的变电所设置位置进行研究。

3 座变电所方案:在三岔顶隧道江门端和罗定端洞外各设置 1 座 10/0.4kV 变电所,同时在隧道中部附近横洞内设置 1 座 10/0.4kV 箱式变电站。江门端和罗定端变电所分别负责隧道江门端和罗定端射流风机以及 1/4 隧道长度范围内的普通照明和检修设施、1/2 隧道长度范围内的监控设施和应急照明设施的供电;隧道中部附近横洞箱式变电站负责 1/2 隧道长度范围内的普通照明和检修设施供电。

2 座变电所方案:在三岔顶隧道江门端和罗定端洞外各设置 1 座 10/0.4kV 变电所,江门端和罗定端变电所分别负责隧道 1/2 隧道长度范围内的所有用电设施供电。

两供电方案不同之处的初期投资比较见表 6-4。

隧道供配电工程初期投资比较表 表 6-4

序号	材料名称	型号及规格	工程量			单价（元）	附件及施工费用比例（%）	建设贷款时间 N1	初期投资（元）	
			单位	3 座变电所方案	2 座变电所方案				3 座变电所方案	2 座变电所方案
1	电力电缆	YJV4×16	m	12864		37.3	15	1	551801.3	
2	电力电缆	YJV4×35	m		7040	73.6	15	1		595865.6
3	电力电缆	YJV4×70	m		5824	174.3	15	1		1167391.7
4	箱式变电站	80kV·A	台	1		420000.0	15	1	483000	
总计									1034801.3	1763257.3

从表 6-4 中可以看出,从工程初期投资上来看,3 座变电所方案比 2 座变电所方案节省 72.8 万元。

3 座变电所方案的隧道应急照明和监控设施的供电分别由洞外两座变电所进行供电,根据上述对比研究,项目组认为应急照明和监控设施配电方式还有节能潜力可挖,因此应急照明设施和监控设施配电可考虑采用 3 座变电所分段配电的方式,表 6-5 为 3 座变电所和 2 座变电所供电的工程投资对比表。

隧道应急照明设施和监控设施配电工程初期投资比较表　　表6-5

序号	材料名称	型号及规格	工程量			单价(元)	附件及施工费用比例(%)	建设贷款时间N1	初期投资(元)	
			单位	3座变电所方案	2座变电所方案				3座变电所方案	2座变电所方案
1	电力电缆	YJV4×16	m	14080		37.3	15	1	603961.6	
2	电力电缆	YJV4×50	m		13006	136.8	15	1		2046103.92
3	ESP	25kW	台	2		95000.0	15	1	218500	
4	ESP	50kW	台	1	2	196000.0	15	1		450800
总计									1047862	2496903.9

从表6-5可以看出,隧道应急照明和监控设施采用3座变电所分段配电的方式,同洞外2座变电所供电方式相比,可节约145万元,在横洞变电所位置增设EPS应急电源和相应的配电回路。

6.6.3　稳压、滤波及无功功率补偿技术

目前电能质量问题主要是谐波污染,而谐波是由与电网相连的各种非线性负载产生的。随着电力电子装置应用的日益增多和装置容量的不断增大,其产生谐波所占的比例也越来越大,谐波造成的危害也是越来越大。

在近几年的设计中,由于隧道供电设计人员对谐波危害认识的不足,加之以往隧道所用的高压钠灯产生的谐波不足以影响到隧道供电系统的质量,因此隧道供电设计中基本上未采取抑制谐波的措施。在已建成通车的高速公路隧道供电系统中均不同程度存在谐波隐患,有些谐波危害小,有些危害极大,危害大的会使隧道供电系统投入使用后,用电设备频繁烧毁、开关不正常跳闸、控制系统失控的事时有发生,从而导致整个供电系统能耗增加、电气设备寿命缩短,甚至可能引发交通事故,造成生命财产损失和不良的社会影响。

经调查和检测,隧道供电网谐波以3次、5次、7次谐波为主,其谐波源主要是LED灯具和射流风机,因此应用了节能灯的隧道应设置消除谐波的设施,主要应以抑制3次/5次谐波为主。

本项研究成果实施于三岔顶隧道右洞,涉及的设备如表6-6所示。

涉及的设备　　表6-6

项目		单位	三岔顶隧道需要设备数量	备注	设置位置
材料名称	型号规格				
有源滤波装置(带柜)	25A	台	1		横洞箱变内
有源滤波装置(带柜)	75A	台	2		隧道进口和出口变电所各1台
有源滤波装置(带柜)	235A	台	2		隧道进口和出口变电所各1台

有源滤波设置位置和功能:

(1)设置位置

①B1变电所的235A有源滤波装置设置在800kV·A电力变压器0.4kV配电系统母线上,75A有源滤波装置设置在250kV·A电力变压器0.4kV配电系统母线上,设置位置靠近进线和补偿柜。

②B2 变电所的 235A 有源滤波装置设置在 800kV · A 电力变压器 0.4kV 配电系统母线上,75A 有源滤波装置设置在 250kV · A 电力变压器 0.4kV 配电系统母线上。设置位置靠近进线和补偿柜。

③横洞箱变的 25A 有源滤波装置设置在 80kV · A 电力变压器 0.4kV 配电系统母线上,设置位置靠近进线和补偿柜。

有源滤波装置配置如图 6-17 ~ 图 6-19 所示。

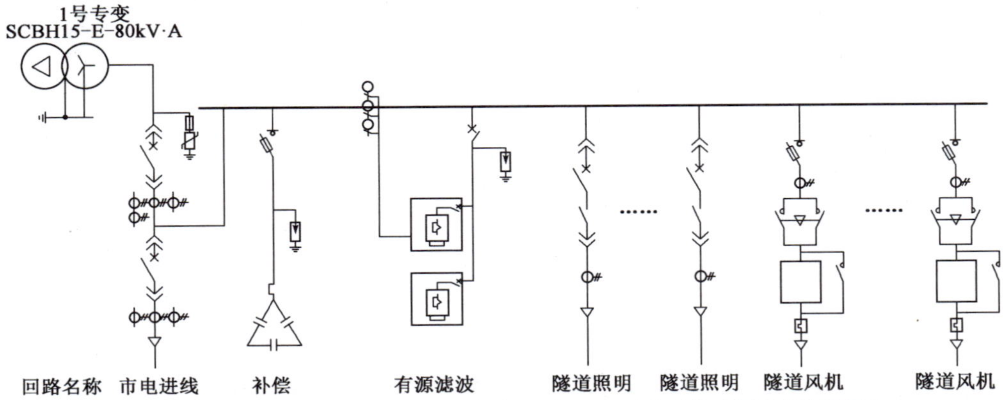

图 6-17　B1、B2 变电所 250kV · A 电力变压器 0.4kV 配电系统有源滤波装置配置

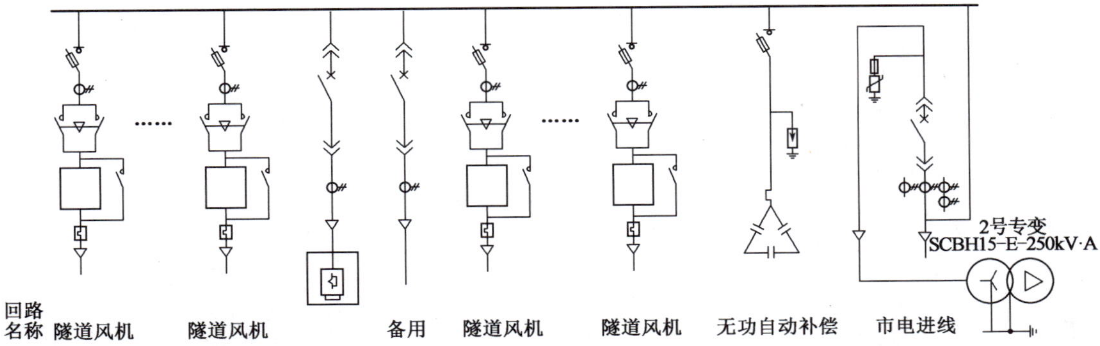

图 6-18　B1、B2 变电所 800kV · A 电力变压器 0.4kV 配电系统有源滤波装置配置

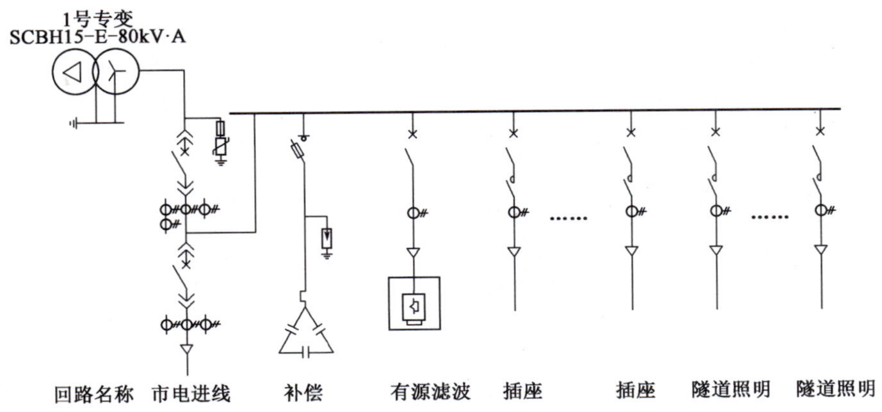

图 6-19　横洞箱变 80kV · A 电力变压器 0.4kV 配电系统有源滤波装置配置

（2）功能

有源滤波装置的功能是消除电网的多次谐波，保证供配电设施的正常运营和正常使用寿命，避免设施因谐波电流温度上升而损害其绝缘材料。

第7章　总结与展望

7.1　总　　结

本书对江罗高速公路在隧道现代工程管理和品质工程建设中建立的先进管理方法和经验进行了总结和提炼，对绿色公路隧道和节能公路隧道建设创新技术进行了归纳。

经过4年精心建设，江罗高速公路践行“五化”的现代工程管理理念和做法，已经走出了一条“一个理念＋四个目标＋六大措施”的品质工程建设管理体系：贯彻建设“安全耐久、优质美观、环保节约”高速公路的理念，将“建设优质工程、实现零安全责任事故、2016年年底全线建成通车和节约造价”作为四大基本目标，并在项目管理中推行“123456工作方法”；系统总结了公路隧道建设发展理念人本化、项目管理专业化、工程管理标准化、管理手段信息化和日常管理精细化的内涵与实践措施、途径；在公路隧道安全管理、质量管理和软实力打造方面实施了大量管理创新和技术创新；全面实施“资源节约、环境友好、节能减排、低碳环保”等可持续发展技术，建设“绿色生态之路”，积极策划全线生态绿化工作，开展和实践了多项绿色技术：洞门形式优化、“零开挖”进洞、棚洞、洞口边仰坡复绿、隧道内装优化等；在隧道综合节能领域进行了大量创新：基于物联网的隧道按需照明运营策略及变频通风控制技术、隧道结构物照明节能技术、低能耗供配电技术等。通过以上工作，使项目在人本化、专业化、标准化、精细化管理上取得了良好效果，实体交工验收各项指标良好，建设绿色生态之路的目标已经达成。

江罗高速公路在隧道管理过程中摸索出一条富有江罗特色的隧道管理思路，它是江罗高速公路隧道建设事业顺利完成的重要保障。同时，江罗隧道建设者们用他们的智慧和汗水，无论在隧道管理理念、制度建设、变更管理、突发事件处治，还是安全质量、环保景观及技术创新等方面，都为高速公路隧道建设管理事业及同行们创造了宝贵的财富、积累了丰富的经验。

7.2　展　　望

按照交通运输部“综合交通、民生交通、智慧交通、绿色交通、平安交通”五个交通，以及打造隧道“品质工程”的要求，我们尚有差距，应在后续工程实践中继续开展深入研究，尤其应在建设、养护和运营等方面整体提高隧道机械化、装配化和信息化水平。在桥梁工程、盾构隧道和沉管隧道，该“三化”已取得大幅进步，而对于山岭公路隧道，机械化、装配化、信息化的工作较为落后，需要在“十三五”期间大幅推进和提高。“三化”是隧道品质工程的重要保障和前提。

7.2.1 机械化

(1)现状问题。长期以来,我国山岭钻爆法隧道工程施工机械化程度不高,在爆破钻孔、锚杆打设、围岩注浆、混凝土喷射、防水板铺挂、衬砌浇筑、施工通风和出渣运输等方面存在劳动力密集的问题,对人员健康、安全保障、施工效率和工程质量存在不利影响。随着劳动力成本攀升和安全质量环保理念的提升,隧道对机械化的需求日益提高,减少隧道开挖面人员、提高机械化程度是重要课题。

(2)目标任务。"十三五"期间,应大力引入和应用隧道施工与养护成套机械:提高爆破钻孔和锚杆安设效率的凿岩台车、减少回弹的混凝土喷射机械、实现隧道开挖—支护—衬砌三维数字成像的快速扫描系统、不中断交通的隧道病害车载检查和处治系统。同时,积极开展隧道掘进机(TBM)在山岭隧道开挖中的应用。总体上实现隧道施工主要工序的机械化(图7-1)。

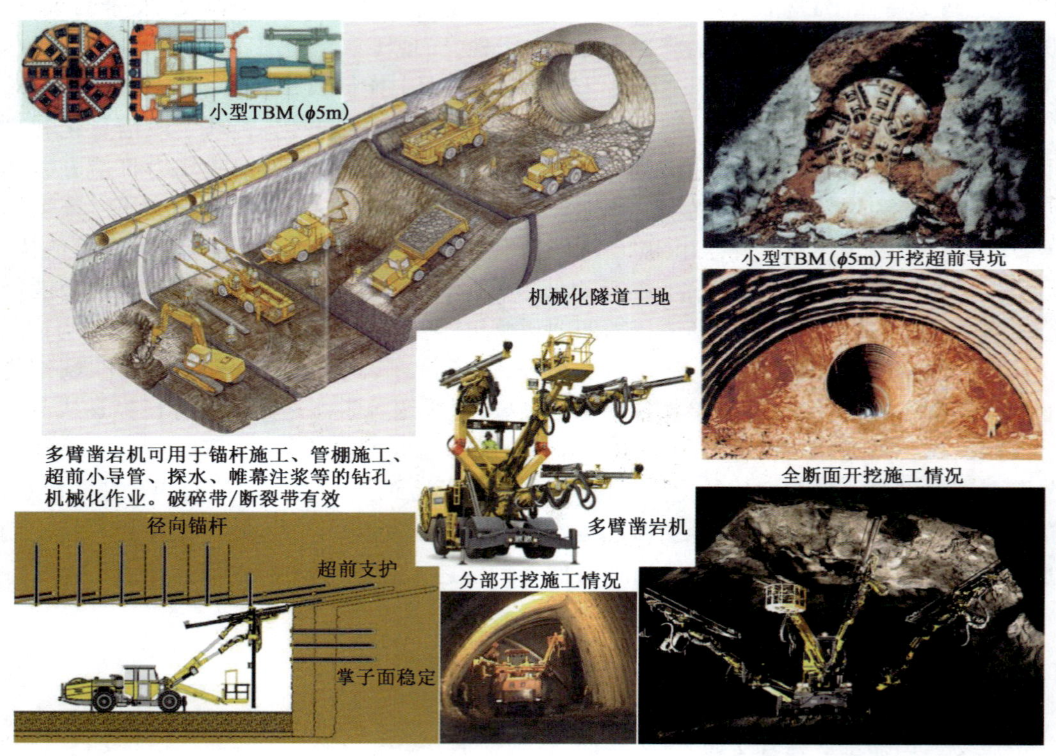

图7-1 山岭隧道机械化工程实例

(3)管理措施。在标准规范层面,应对主要工序的机械使用做出引导性规定,以"强制"和"推荐"使用成熟的机械设备,尽可能减少危险工序使用人工的现状;在隧道招投标中,对主要工序施工机械的使用设置强制性条款,并确保主要工序使用机械进行作业;进一步核准主要工序机械作业预算定额,确保机械在使用成本上的优势;通过提高施工品质和安全保障要求,鼓励施工机械领域的科技创新。

7.2.2 装配化

(1)现状问题。隧道三大工法中,盾构掘进机法在装配化方面做得最好,作为主要工序的护盾安全高效开挖、自动或半自动出渣、衬砌工厂化预制-现场自动拼装、全工序一体化等均实现了装配化,其施工效率和施工质量容易得到保障。相比而言,山岭钻爆法隧道衬砌及其构件基本上均为现场浇筑施作,施工环境恶劣,施工质量难以保障;开挖-支护-衬砌被分为相对彼此独立的工序,缺乏配合,施工效率不高,易引发安全事故和质量问题。

(2)目标任务。“十三五”期间,应大力引入和提高隧道工序、结构和构件的装配化水平:实现隧道内检修道-电缆沟-水沟整体结构的工厂预制化、现场拼装(图7-2);逐步实现衬砌结构的工厂预制化、现场自动拼装技术;采用初期支护喷射混凝土高质量施工技术,避免支护及衬砌背后脱空;研发开挖-支护-衬砌全工序一体化施工平台,提高全工序装配化水平。

a)

b)

c)

图7-2 隧道路侧共同沟-检修道预制化

(3)管理措施。在标准规范层面,对主要构件工厂预制化和衬砌结构预制拼装工程制定引导性规定,同时提高对工程品质的要求,以“强制”和“推荐”采用质量易保障的工厂预制产品;在公路隧道施工招投标中,对主要构件提出工厂化预制使用的强制性条款;进一步核准预制装配化作业的预算定额,确保在使用成本上的优势;通过提高施工质量和安全保障要求,鼓励在预制装配化和作业平台一体化方面的科技创新。

7.2.3 信息化

(1)现状问题。分为施工控制、运营管理信息化两方面。施工监测基本上停留在人工采集数据、室内分析阶段,采集频率低、报警不及时。应采取信息化技术来实现隧道施工安全的全天候监控、数据的实时采集-传输-分析-报警;施工现场、人员和环境的管理存在盲区,隧道施工环境恶劣、事故易发,需采取措施实现监控管理。运营管理方面,虽然配置有较为完善的监控-通信-通风-消防-照明系统,但交通异常自动识别能力较低,机电设施控制水平较低等,其信息化水平还有待提高;同时,低等级公路也应实现运营管理信息化。

(2)目标任务。"十三五"期间,应提高隧道施工控制信息化水平,现场普遍采用信息化平台,实现对施工开挖-支护-衬砌主要工序点的视频监控、洞内人员的准确定位、洞内环境信息(如有害气体、CO_2、O_2、温度、湿度等)全天候监控、危险断面和工序转换断面的围岩位移-应力实时数据采集、分析、报警;提高隧道运营管理平台的信息化水平,实现对日常交通流和异常交通流的实时监控、分析、统计、报警等功能。

(3)管理措施。在标准规范层面,应对施工控制信息化和运营管理信息化做出引导性规定,以"强制"和"推荐"采用信息化管理平台,提高对施工安全和质量、运营效率和安全的保障;在公路隧道施工招投标中,提出采用施工控制信息化平台的强制性条款;在隧道机电设施招投标中,提出高标准运营管理信息化平台的强制性条款;对于采用上述平台的工程给予适当补贴,鼓励在信息化平台方面的科技创新。加大对隧道养护技术管理信息化的投入。

总之,面对崇山峻岭、离岸深水,提高隧道工程品质和科技进步还有很长的路要走,这是摆在我们面前的任务和责任。

参 考 文 献

[1] 交通运输部. 关于打造公路水运品质工程的指导意见[R]. 2016.

[2] 广东省交通集团有限公司. 广东省高速公路建设工程安全生产标准化管理手册[R]. 2012.

[3] 凤懋润. 挑战——桥梁建设工程的哲学思维[M]. 北京:人民交通出版社,2011.

[4] 刘学增,余文生,王华牢. 公路隧道建设安全风险动态评估与控制技术[M]. 北京:人民交通出版社股份有限公司,2015.

[5] 何雄伟,胡国祥. 高速公路建设现代工程管理[M]. 北京:人民交通出版社,2014.

[6] 卢正宇,娄健,陈力华. 广东博深高速公路隧道修建技术[M]. 北京:人民交通出版社,2012.

[7] 朱小灵,魏浩华. 博深之路——博(罗)深(圳)高速公路项目管理新探索[M]. 北京:人民交通出版社,2013.

[8] 任尚强,林志. 公路隧道标准化施工技术指南[M]. 北京:人民交通出版社,2014.

索　　引